Det Morson

DAS GROSSE BUCH DER
LIEBESZAUBER

ANLEITUNGEN FÜR LIEBESZAUBER, SYMPATHIEMAGIE UND HEXENZAUBER

ESOTERISCHER **VERLAG**

Neuauflage 2020
veröffentlicht bei Esoterischer Verlag,
eine Marke der Sentovision GmbH, Basel-Münchenstein

Copyright 2018 by Esoterischer Verlag, alle Rechte vorbehalten.
www.esoterischer-verlag.de

Umschlaggestaltung: FontFront.com, Roßdorf
Printed in EU

ISBN: 978-3-9802704-6-5

Bibliografische Information
Die Deutsche Bibliothek verzeichnet diese Publikation in der deutschen Nationalbibliographie;
detaillierte bibliografische Daten sind im Internet unter http://dnb.ddb.de abrufbar.
Die Publikation wird in der schweizerischen Nationalbibliografie und in www.helveticat.ch
aufgeführt.

Inhalt

Vorwort

Schon von alters her sind die verschiedensten Zaubermittel und Liebesparfüms überliefert, um die Liebe eines Mannes oder einer Frau zu entfachen. Der historische Beginn der Sympathiemagie dürfte wohl auf die im Altertum sehr beliebten Liebeszauber zurückzuführen sein. Die vorchristlichen Kräuterhexen standen vornehmlich im Ruf vorzügliche Liebeszauber weben zu können und geheime Tränke für alle Arten von Liebesangelegenheiten zu besitzen.

Besonders in der heutigen Zeit, in der die Anonymität und Vereinsamung des Einzelnen ihren Höhepunkt erreicht hat, wenden sich viele Menschen wieder den alten Hexenpraktiken zu, um die Liebe oder Zuneigung eines anderen Menschen zu gewinnen. In den folgenden Kapiteln werden eine große Anzahl magischer Praktiken beschrieben, mit denen es möglich wird, Liebe zu entfachen, aufrecht zu erhalten, oder wenn dies gewünscht wird, wieder aufzulösen. Das Ziel hierbei ist, dem Leser eine umfangreiche Auswahl an Liebes- und Sympathiezaubern an die Hand zu geben, die aus dem Altertum, nicht nur als besonders wirksam überliefert wurden, sondern sich auch heutzutage als besonders effizient erwiesen haben.

Einleitung

Die magisch, okkulte Literatur kennt eine schier unbegrenzte Zahl an mysteriösen, teils auch obskuren Vorschriften zum Entfachen von Liebe und Leidenschaft. Das diese Mittelchen, Beschwörungen und Zauber aber auch tatsächlich wirken, bezeugen die teilweise auch von der modernen Wissenschaft angewandten Drogen, Potenzmittel, Liebesampullen und Sexualparfüms.

Bereits die Bibel beschreibt die Verführung Adams durch Eva im Garten Eden mit Hilfe eines Apfels und ist wohl der Vorläufer und die erste historische Schilderung eines Liebeszaubers. Dr. Klingsor, der Autor des Buches *Experimentalmagie* (Verlag Richard Schikowski, Berlin) schreibt hier sehr tiefgründig: „...der Apfel ist ein altes Symbol der Fruchtbarkeit ...das Essen vom Baum der Erkenntnis ist nicht, wie man es teilweise von theologischer Seite bewußt falsch interpretiert hat, eine Auflehnung gegen Gott im Sinne des Hochmutes, sondern das Streben nach Erkenntnis durch das Überschreiten der Grenze, oder das Erfahren der Grenzerlebnisse im sexuellen Akt".

Hans Biedermann beschreibt im *Handlexikon der magischen Künste* den Liebeszauber wie folgt: „Liebeszauber, in der Volkskunde seit der Antike reich belegte Art von magischen Praktiken, durch die in dem ausersehenen Objekt eine maßlose Liebesraserei hervorgerufen werden soll. Verschiedene Arten des Liebeszaubers werden in antiken Quellen beschrieben: etwa eine nicht als Schadenzauber gedachte Abart des Nestelknüpfens, mannigfache Beschwörungen und Liebeszauber mittels eines Kreisels." Und weiter schreibt Biedermann: „Im Mittelalter bestand der Liebeszauber vorwiegend aus Sympathieoperationen, wobei das Bindeglied zwischen dem Objekt und dem Zaubernden Haare, Fingernägel, Teile des Gewandes usw. waren, die von Hexen zu unwiderstehlichen Philtren verarbeitet wurden. Ähnliche Operationen werden in manchen volkstümlichen Zauberbüchern der neueren Zeit beschrieben."

Angefangen von einfachen Zaubersprüchen und Gebeten reicht die Palette der Liebeszauber bis zu den kompliziertesten Rezepturen und Philter, für die manchmal schon ein ganzes Laboratorium notwendig wäre. Biedermann erwähnt den Bildzauber mit Hilfe von Wachspuppen, die auch als Atzmänner bekannt sind, und zählt weitere magische Utensilien des Liebeszaubers auf: Kleider von Verstorbenen, Alraunwurzeln, Edelsteine, Kerzen, Haare des Wolfsschwanzes, Herzen von Schwalben und Tauben, Schlangenzungen, Eselshirn, den Penis des Pferdes, den Strick eines Gehängten sowie Adlersteine und magische Philter. Diese Liste ließe sich endlos fortsetzen, doch sollen diese Zutaten mittelalterlicher Zauberkunst als Beispiel genügen.

Die moderne Wissenschaft, die ebenfalls die Anziehungskraft bestimmter Aphrodisiaca, Düfte und Drogen untersucht, verwendet meist Glückshormone, sogenannte Pheromene, sexuelle Stimulationsmittel wie die bekannte spanische Fliege oder die bekannten Sexualdüfte Moschus, Ambra, Vanille und der-gleichen mehr. Auch wenn die Wirkung einiger moderner Liebes-drogen nur wenig wirksam ist und ihr Einfluß zum großen Teil auf Einbildungskraft beruht, besitzen doch einige eine über-raschend starke Auswirkung. Besonders die Flügeldecken der spanischen Fliege; Cantharides genannt, können den menschlichen Geschlechtstrieb enorm aufreizen und anstacheln.

Aber nicht nur eine spezielle Tinktur oder Ingredienz ist für einen Liebeserfolg ausschlaggebend, sondern mindestens eben-so wichtig, ist deren Zusammenstellung und die Art ihrer Ver-wendung. Auch der Glaube an die Wirksamkeit des eigenen Liebeszaubers vermag im wahrsten Sinne des Wortes, Berge zu versetzen und dies trifft um so mehr für die Methoden einer Hexe oder eines Magiers zu. Diese besitzen nicht nur einen felsenfesten unerschütterlichen Glauben an den Erfolg ihres Vorhabens, sie rufen oftmals auch übersinnliche Mächte höherer Sphären zu ihrer Unterstützung an, oder sind in der Lage eigene Persönlichkeitsteile abzuspalten, die dann oftmals frap-pierende Resultate erzielen.

Da dieses Buch für die praktische Anwendung geschrieben wurde, enthält es eine Fülle von Anleitungen und Rezepturen, die als besonders wirksam bekannt sind und die in ihrer Anwendung so einfach wie möglich gehalten wurden. Bevor diese Liebesrezepte und magischen Hexenzauber nun im einzelnen vorgestellt werden, ist es notwendig, noch etwas über die allgemeine Wirkungsweise der praktischen Magie und des Hexenzauber zu erläutern.

* * *

Magie und Hexentum

Eine Definition des Begriffes Magie besagt, daß Magie die bewußte Veränderung im Einklang mit dem Willen des Magiers bedeutet. Also alles was wir bewußt zu beeinflussen vermögen, geschieht durch einen magischen Akt. Eine moderne Richtung innerhalb der praktischen Magie, deren Anhänger sich als Chaosmagier bezeichnen, definiert Magie sehr ähnlich. Für sie beinhaltet pragmatische Magie alle Techniken die in der Praxis wirksam sind. Welches theoretische Konzept letztlich dahintersteht und ob der Magier an höhere Wesenheiten wie Engel oder Dämonen glaubt, oder an die eigenen innerseelischen Kräfte des Tiefenbewußtseins, ist für sie nur von sehr nebensächlicher Bedeutung.

Die Autorin Sorella Conata hat hierfür den Ausdruck "Küchenmagie" geprägt und meint damit ein munteres draufloshexen ohne besonders auf langwierige theoretische Konzepte

Rücksicht zu nehmen. Auch der Autor ist der Auffassung, daß dies eine gesunde Einstellung ist und nur den unerschütterlichen Glauben an die eigenen Zauberkräfte voraussetzt. Eventuelle konfessionelle Behinderungen und Einschränkungen oder der Glaube an höhere Wesen und Kräfte werden so vermieden und der Schwerpunkt auf die praktische Erprobung und Anwendung der eigenen Zaubertechniken gelegt.

Dies ist allerdings nur soweit zu befürworten, solange sich der Anfänger der Magie mit relativ einfachen Praktiken auseinandersetzt. Anders sieht es beispielsweise mit dem Gebiet der sogenannten Evokationsmagie aus, bei der der Magier versucht, meist dämonische Wesenheiten anzurufen oder im Kreis zu beschwören. Eine Reihe von psychischen Erkrankungen wie Verfolgungswahn, Besessenheitszustände oder gar Irrsinn sind bei erfolgreichen Beschwörungen oftmals die Folge, denn dem angerufenen Dämon ist es gleich, ob der Magier an seine Existenz als eigenständige Persönlichkeit glaubt oder lediglich an verdichtete Kräfte des eigenen Unterbewußtseins. Zum Glück für viele Laienmagier sind die in der Literatur angeführten Anweisungen für Beschwörungen im magischen Kreis größtenteils bewußt unvollständig gehalten oder absoluter Unsinn. So wußten schon die Magier des Altertums ihre Praktiken vor Unberufenen zu schützen und bewußt zu verschleiern. Nur der Eingeweihte vermochte die überlieferten Rituale zu nutzen und sie von unnötigem Ballast zu befreien und wichtige Details, wie die

notwendigen Planetenstände, Anrufungs- und Entlassungs-
formeln zu berücksichtigen.

Halten wir also fest, Magie ist; was uns nützt unsere Ziele zu
verwirklichen und wir sind hierbei nur unserem Gewissen als
höchste Instanz unterworfen. Wer sich näher mit der Geschichte
und Tradition der Magie beschäftigen möchte, kann auf eine
Reihe von ausgezeichneten Quellenwerken zurückgreifen. So ist
u.a. das Gesamtwerk von Israel Regardie mit dem Titel: **Das
magische System des Golden Dawn** sehr zu empfehlen und
enthält eine Unmenge an magischen Ritualen und Techniken.
Weiter sehr empfehlenswert sind die Bücher: **Der Weg zum
wahren Adepten** von Franz Bardon, **Praxis der weißen und
schwarzen Magie** von Det Morson oder **Magische Einweihung**
und **Magische Praxis** beide von Karl Spiesberger.

Sollten Sie sich mehr für den Bereich der Hexenmagie inte-
ressieren, empfehle ich Ihnen die Bücher Starhawk; **Der
Hexenkult** sowie die beiden Bücher von Frater Widar, **Magie
und Praxis des Hexentums** oder **So lernen Sie hexen**, die
eine ausgezeichnete Einführung in die praktische Hexenmagie
mit vielen Übungen, Ritualen und magischen Praktiken bieten.
Leider sind im Bereich des Hexentums auch eine Reihe von
relativ oberflächlichen Schriften am Markt, die sich an dem der-
zeitigen Trend der Wiederbelebung archaischer Traditionen und
weiblicher Magie orientieren. Oftmals sind diese Bücher jedoch

von Personen geschrieben, die nur wenig Ahnung auf diesem Gebiet besitzen bzw. deren Phantasie doch zuweilen eigenartige Auswüchse zeigt. Und zahllose Behauptungen von Hexen, sie könnten anderen bewußt größeren Schaden zufügen, ist meist nur auf eine übersteigerte Einbildungskraft oder Selbstüberschätzung zurückzuführen. Es besteht in der Regel kein Grund sich vor schwarzer Magie oder Hexerei zu fürchten und Personen, die mit ihren angeblichen Kenntnissen hausieren gehen, stellen sich oft nur selbst ein Armutszeugnis aus. Ein wahrer Schwarzmagier ist genau so selten wie ein richtiger Heiliger und Hand aufs Herz, wer kennt schon einen Heiligen? Dies soll nun nicht heißen, daß es Personen mit außergewöhnlichen Fähigkeiten nicht gibt, selbstverständlich gibt es sie, allerdings in viel geringerer Zahl als mithin angenommen wird und die haben meist ganz andere Anliegen, als jemanden bewußt Schaden zuzufügen. Auch wenn sogenannte Satanshexen behaupten, sie könnten einen Menschen über Entfernung hinweg töten, nehmen sie dies nicht für bare Münze. Auch ich habe schon einige Drohungen erhalten, von denen sich keine erfüllt hat, und wer nun wirklich meint, er würde magisch verfolgt, kann sich leicht selbst schützen durch Pentagramme, Odschutzmantel, Glyphen und dergleichen mehr. Eine Reihe sehr guter Abwehrzauber finden sie in den Büchern: *Praxis der weißen und schwarzen Magie* von Det Morson, *Erste Hilfe bei magischen Unfällen* von Frank Kujath oder *Selbstschutz durch Geisteskraft* von Judy Hall.

Auch der häufig verbreitete Glaube, durch Magie auf einfache Weise zu Glück, Reichtum, Ehre und Ansehen zu gelangen, ist ganz und gar falsch. Zunächst einmal sind die wenigsten praktischen Magier reich geworden. Auch die Fähigkeiten die für eine praktische Magie notwendig sind, wie ein starker Wille oder eine ausgezeichnete Imaginationsfähigkeit ist nicht jedem Menschen zu eigen. Mit praktischer Magie können sie natürlich einiges erreichen wie selbstbewußter, glücklicher oder erfolgreicher zu werden, aber auch diese Erfolge müssen hart erarbeitet werden, geschenkt wird einem im Leben nichts. Am Beginn einer magischen Arbeit steht zunächst eine harte Ausbildung, wie dies unter anderem Franz Bardon in seinem Buch: **Der Weg zum wahren Adepten** ausführlich darlegt.

* * *

Das Wissen der weisen Frauen

Uralt ist das legendäre Wissen der weisen Frauen und Hexen, die durch ihre Einweihung, Naturverbundenheit und Kenntnis des Magischen segenbringend auf ihre Mitmenschen einwirken konnten.

„Über Jahrhunderte hatten Frauen ihre Kenntnisse um Kräuter und Körper von einer Generation zu anderen weitergegeben ... mit Mixturen aus hochgiftigen Beeren und Kräutern hantierten die weisen Frauen. Sie kannten Balsame, die die Empfängnis verhinderten. Sie wußten um die uterusanregende Wirkung der Petersilie, die abtreibende Wirkung der Haselwurz. Die Ingredienzen wurden mündlich überliefert" schreiben die beiden Hexen Anja Malanowski und Anne-Bärbel Köhle in ihrem Buch *Hexenkraft - Macht und Magie der weisen Frauen heute.* Und weiter führen sie an: „Sie untersuchten die werdende Mutter, berieten sie in Ernährungsfragen, kannten die Veränderungen des Körpers der Schwangeren, betreuten sie auch während der Geburt. Sie kannten die komfortabelsten Gebärstellungen, strichen den Körper mit wehenfördernden Tinkturen ein, verabreichten krampflösende Tees, linderten Schmerzen und forderten die Gebärende, wenn sie zu arg litt, auf, sich masturbierend Erleichterung zu verschaffen. War die Mutter dazu nicht mehr imstande, massierten die Hebammen ihr die Scham."

Aber nicht nur Gutes zu tun, waren die weisen Frauen in der Lage. Ihnen wurde unterstellt, daß sie den bösen Blick besitzen, Vieh und Menschen verhexen, ja sogar unfruchtbar machen konnten. Weiter waren sie in der Lage, Schadenzauber weben zu können, Not, Elend und Siechtum über ihre Feinde zu bringen und einiges mehr. „Gegen fast jedes körperliche und psychische Übel wußten die weisen Frauen ein Mittel", schreiben die Hexen Malanowski und Köhle. „Da die Heil- oder Verhütungsmethoden aber nicht - nach heutiger Auffassung von moderner Medizin - systematisch wirkten, mitunter auch schadeten, schlug den kräuterkundigen Frauen nicht nur Anerkennung entgegen. Totgeburten, Unfruchtbarkeit, schwere Krankheit, Impotenz - für all das wurde die Hexe verantwortlich gemacht."

Auch wenn heutzutage keine Scheiterhaufen mehr brennen, werden moderne Hexen und Magier oftmals immer noch stark angefeindet und bestenfalls von unseren, ach so aufgeklärten Mitmenschen, belächelt oder gar verspottet. Seien Sie schweigsam bei allem was sie tun, dies ist die beste Empfehlung, die ich ihnen geben kann, denn allein der Neid oder Unglaube unserer Mitmenschen wirkt sich stärker aus, als sie glauben.

Die in diesem Buch vorgestellten Praktiken des Liebeszaubers, nutzen die Erfahrungen vieler weisen Frauen und Hexen. Viele der hier gezeigten magische Anleitungen sind Jahrhunderte alt, manche sind jüngeren Datums und viele sind an die Gegebenheiten der heutigen Zeit angepasst. Aber nicht nur das Hexenwissen um die Sympathie- und Liebeszauber wird hier offengelegt, auch das Geheimwissen alter und moderner Magier sowie magischer Geheimlogen wird hier zugänglich gemacht.

Liebeszauber

Die folgenden Anweisungen entstammen den verschiedensten Quellen; stammen teils aus geheimen Unterlagen magischer Geheimwerke oder wurden nur von Mund zu Ohr überliefert. Eine Bewertung oder Hervorhebung der einen oder anderen Anweisung soll aber bewußt vermieden werden, um eine Beeinflussung des Lesers von vornherein soweit wie möglich auszuschließen. Der Grund hierfür ist, daß, was bei dem einen Menschen positive Wirkungen zeigt, kann bei einem anderen absolut wirkungslos bleiben. Zu verschieden sind die menschlichen Charaktere, und auch in der Medizin ist nicht ein jedes Mittel für jeden Menschen geeignet. Man wähle daher das geeignete Mittel dem eigenen Gefühl entsprechend aus. Es hat sich gezeigt, daß die eigene Intuition der beste Ratgeber ist, steht sie doch mit einer gewaltigen Macht in direkter Verbindung; dem eigenen Unterbewußtsein. Hier geht die Praxis über die Theorie.

Mir wurden Fälle berichtet, indem mit ansonsten unsinnigen oder geradezu lächerlichen Anweisungen gute Resultate erzielt wurden und in diesen Bereich fallen oftmals die Rezepte und Beschwörungen der mittelalterlichen Zauberbücher und Grimoiren. Daß dennoch in diesen oftmals seltsamen und befremdlich anmutenden Ritualtexten viel brauchbares vorhanden ist, weiß jeder, der sich eingehender mit diesen Texten auseinander gesetzt hat.

Es gilt im Gebiet der Sympathiemagie, wie wohl in allen Bereichen auch; was für den einen nur abstruser Humbug ist, ist für den anderen eine real erfahrbare Tatsache. Hier fällt mir die Geschichte eines alten Mütterchens ein, die mit den ansonsten recht dürftigen Anleitungen eines *Sechsten und Siebenten Buches Mosis* die unglaublichsten Ergebnisse erzielt hat.

Im Bereich der Liebeszauber kommt es, wie in vielen Bereichen der Magie auch, besonders auf ein geschultes Vorstellungsvermögen; der Eingeweihte spricht hier von Imagination, an. Erst an zweiter Stelle steht die Kenntnis der entsprechenden magischen Regeln. Nur wer an eine Sache felsenfest glaubt, ist auch in der Lage mit dem entsprechenden Ernst an die Sache heranzugehen.

Th. Schiffner bemerkt hierzu sehr richtig in seinem Buch *Blutzauber und anderes* „Vor allem bei dem sogenannten Liebeszauber, bei dem Blut, Milch, Samenflüssigkeit, Schweiß, Urin und dergleichen eine große Rolle spielten, war das gläubige Vertrauen dessen, der den Zauber anwandte, von ausschlaggebender Bedeutung, denn der oder die Bezauberte hatten keine Ahnung von dem, was ihnen geschehen sollte. Weil wir aber in unserem kritischen, besser gesagt überkritischen Zeitalter nicht mehr jene Phantasietätigkeit besitzen, die zum Glauben und Vertrauen unerläßlich ist, so braucht die eine oder die andere jener Vorschriften durchaus nicht immer Betrug zu sein."

Eine Warnung an den Leser vielleicht noch vorweg. Stets denke man daran, daß man durch Liebeszauber vehement und ungestüm in das Leben eines anderen Menschen eingreift und man dadurch oftmals nicht nur angenehmes erreicht. Man überlege darum gut, was man eigentlich erreichen möchte und ob man dieses nicht auch auf einfachere Weise erzielen kann, z.B. durch eine veränderte Einstellung, einem selbstbewußteren Auftreten oder einer Änderung der persönlichen Erscheinung.

Ein besonderer Fall von unerwünschten Nebenwirkungen der Sympathiemagie, wurde mir von einem befreundeten Verleger magischer Schriften berichtet. Ein in magischen Kreisen bekannter Universitätsprofessor aus Gießen, wurde einmal von einem seiner Schüler und Studenten gebeten, für ihn einen Liebeszauber auszuführen. Glücklicherweise handelte es sich bei dem Opfer um eine junge Studentin, die die gleiche Universität besuchte, an der auch unser Professors unterrichtete. Dieser Professor, der für seine Magie vorwiegend Mumialstoffe und körpereigene Substanzen verwendete, machte sich nun mit einer Schere bewaffnet auf die Jagd nach einer Haarlocke der jungen Frau.

Laut Augenzeugenberichten spielten sich nun in der Universität bislang unbekannte dramatische Szenen ab. Der Professor versuchte auf dem Campus der Uni der Studentin in einem unaufmerksamen Augenblick eine Strähne ihrer Haare abzuschneiden. Unglücklicherweise bemerkte die junge Frau jedoch den unschicklichen Versuch und rief entsetzt dem überraschten Professor zu „Um Himmelswillen was wollen sie denn mit der Schere". Dieser entgegnete der jungen Studentin „Mit welcher Schere denn?" und versuchte schwupp im gleichen Moment nochmals eine Haarsträhne zu erwischen. Die Studentin aber, die das Schlimmste vermutete, floh über die Flure der Universität, weiterhin von dem Professor mit der Schere verfolgt.

So unglaublich diese Szenen anmuten, ereigneten sie sich doch an einer deutschen Universität in den achtziger Jahren. Von dem gleichen Professor wird berichtet, daß er in einem anderen Fall tatsächlich die erloschene Liebe zwischen zwei Menschen wieder herstellen konnte. Doch leider war das Ergebnis alles andere als glücklich und die anfangs herbeigesehnte und wieder entfachte Liebe wurde nach und nach zu einem Drama. Die auf künstliche und magische Weise hervorgerufene Liebe, ließ sich in der Folgezeit nicht mehr lösen und der Auftraggeber des Liebeszaubers mußte sein Vorhaben noch bitter bereuen. Er hatte nicht, wie erhofft seine Lebens- und Liebespartnerin wiedergefunden, sondern nur eine Haßliebe geschaffen, die nicht mehr aufgehoben werden konnte. Wie der Fall nun weiterging ist mir leider nicht mehr bekannt, ein gutes Ende dürfte sich aber nicht ergeben haben. Man sieht also, daß man Liebesglück scheinbar doch nicht so leicht erzwingen kann, auch nicht mit der Expertenhilfe eines fähigen Magiers.

Jules Bois teilt die Liebes- oder Sympathiemagie in drei Klassen ein. Die erste bezieht sich auf die Gebräuche der Griechen und Römer, wie sie uns zum Beispiel Theokrit oder Virgil überliefert haben. Charakteristikum ist hier die Anfertigung eines Wachsbildes und die Verwendung von Sprüchen und Liedern. Die zweite Klasse wirkt durch die Anwendung von Speisen in fester oder flüssiger Form wie Früchten, Fleisch und alle Arten von Liebestränken. Die dritte Klasse benutzt Liebestränke (Aphrodisiaca), Kräuter und Talismane.

* * *

Liebestinte

Die Einteilung nach Bois ist aber längst nicht vollständig. So soll hier noch die Anwendung der sogenannten und etwas obskuren *Liebestinte* erwähnt werden. Diese Tinte, an deren Wirkung vor allem im späten Mittelalter geglaubt wurde, war zusammengesetzt aus den Ascheresten verbrannter Liebesbriefe, pulverisiertem Magneteisenstein und Frauenmilch.

„Um absolut sicher zu gehen"; schreibt Emil Laurent in seinem Buch *Geheimnisse der Liebesmagie*, „sollte man die magische Botschaft auf Jungfernpergament schreiben, von dem das *Dictionaire infernal* ein detailliertes Rezept enthält. Dieses Pergament ist aus der Haut eines toten Tieres bereitet, das niemals die Begattung ausgeübt haben darf. Nachdem es den rituellen Operationen unterzogen worden ist, ist es zur Aufnahme der sympathetischen Schrift geeignet, doch darf es von keiner Frau (mit Ausnahme der Empfängerin natürlich) gesehen werden, um seine Kraft zu behalten."

Wer die Wirkung der Liebestinte erproben möchte, sollte dies ruhig einmal versuchen, natürlich auch ohne die schwierigen Vorschriften des Dictionaire infernal.

Was ist nun aber in unserer heutigen Zeit, in der die moderne Wissenschaft über den angeblichen Aberglauben dominiert, von solchen Zauberpraktiken zu halten? Sicher ist, daß es seit jeher Menschen gegeben hat und noch immer gibt, die sich einer ungemein starken Anziehungskraft auf das andere Geschlecht erfreuen. Die Psychologie spricht hier von Charisma und die Esoterik von einer besonders animalischen Aura des betreffenden Menschen.

Auch der Sex-Appeal eines Menschen, ist ein oft benutztes Schlagwort, obwohl es in den meisten Fällen recht schwierig ist, exakt zu definieren, warum eine Person eine erotische Wirkung auf uns ausübt. Hiermit soll jedoch nun die Theorie verlassen werden und wir wollen uns der eigentlichen Praxis zuwenden.

* * *

Blumenzauber

Ein einfacher Blumenzauber sieht folgendermaßen aus: "Man nehme von dem Fußabdruck des Menschen, den man verführen möchte etwas Erde. Diese füllt man in einen Topf und pflanzt eine Blume (etwa eine Rose, eine Sonnenblume oder irgend-eine andere Blume) hinein. Bei der Aufzucht der Pflanze legt man nun alle Sehnsucht in den Gedanken, daß mit dem Wachs-tum der Pflanze, auch die Liebe der begehrten Person zu einem selbst erblühen werde. Dieser Zauber, der in der Vergangenheit hauptsächlich angewandt wurde, um einen Mann zu verzau-bern, kann selbstverständlich auch auf das weibliche Geschlecht angewandt werden. Je stärker nun die eigene Konzentration und Liebessehnsucht auf die erwählte Person gerichtet ist, um so schneller wird sich ein Erfolg einstellen.

Fußzauber

Die Hexe Sarah L. Morrison beschreibt in ihrem *Zauberbuch für neue Hexen* (erschienen in der F. A. Herbig Verlagsbuchhandlung GmbH, München 1991) ein sehr ähnliches Rezept. "Schleichen Sie sich an den Mann, den Sie lieben, heran und entnehmen Sie insgeheim seinem Fußabdruck etwas Erde. Tragen Sie diese Erde zu einer Weide und vergraben Sie sie sorgfältig in der Nähe des Stammes. Murmeln Sie dabei mit dem gehörigen Gefühl sowie der gehörigen Konzentration und Projektion folgenden Zauberspruch vor sich hin: Grünes Gras und Weide. Seine gefangene Seele bringe ich dir. Laß wachsen seine Liebe, seine Liebe zu mir. So grün wie die Weide."

* * *

Liebeszauber im Essen

Eine andere Empfehlung der Hexe Sarah besagt, daß man aus der Fußspur des Mannes etwas Erde entnehmen und diese mit einigen Nagelschnitzen und Orangenessenz vermischen und dem Mann davon zu essen geben soll. Am besten gibt man diese doch ziemlich unappetitliche Mischung in einen Gewürz- oder Schokoladenkuchen, damit weder die dunkle Farbe der Erde noch der seltsame Geschmack der Zutaten das Opfer eventuell mißtrauisch werden lassen.

Dieses Liebesrezept erfreut sich heutzutage großer Beliebtheit und wird, da es sehr einfach nachzuvollziehen ist gerne angewandt. Allerdings sollte die Hexe, die sich an diesem Rezept versucht, daran denken, daß die starke Konzentration während der Ausführung auf das Gelingen des Vorhabens unbedingt notwendig ist.

* * *

Liebesrezepte eines Magiers

Eine Reihe recht brauchbarer Liebesrezepte beschreibt der Magier Gregor A. Gregorius in seinem Buch **Sympathiemagie** (erschienen im Verlag Richard Schikowski, Berlin).

„Um die Liebe einer Frau zu erwecken": führt Gregorius an "Koche in guter Konstellation der Venus mit dem Jupiter (das wären Konjunktion und Trigon; Anmerkung des Autors) oder dem Mars das Kraut Frauenhaar in gutem Wein, lasse dazu einige Blutstropfen aus deiner Ader laufen und gib davon dem Mädchen zu trinken."

Wie man sieht, werden bei diesem Rezept neben dem Einfluß der Astrologie, auch die sympathiemagischen Kräfte der sogenannten Mumialmagie eingesetzt. Mumialmagie bedeutet, daß man mit körpereigenen Stoffen wie Haare, Fuß- oder Fingernägel, Blut, Urin, Sperma, Vaginalflüssigkeit und dergleichen mehr arbeitet, um eine magische Verbindung zwischen zwei Personen herzustellen. Für die Mumialmagie kommen aber auch Kleidungsstücke, Fotografien oder häufig von der Person benutzte Gegenstände in Betracht. Am wirkkräftigsten sind jedoch die körpereigenen Stoffe, da diese am meisten mit der eigenen Lebenskraft, die Geheimwissenschaft spricht hier von Od, aufgeladen sind.

Ein weiteres Rezept nach der Methode der Mumialmagie um die Liebe einer Frau zu gewinnen ist: „Nimm die Mumia des Urins und des Spermas, pflanze darin Knabenkraut, Zwiebel, Schnittlauch und Sellerie, wenn der Planet Venus in seiner Erhöhung steht und vom Mond gut aspektiert wird und gib der Frau davon zu essen".

$$* * *$$

Liebesmittel

Ein Liebesmittel zum Einreiben beschreibt die Kräuterhexe Martina Yilmaz in ihrem schönen Buch *Zauberkräuter - Hexengrün* (erschienen im Verlag Kersken-Canbaz Bergen/Dumme) um die Liebe eines Mannes zu erwecken. Sie rät 20 Gramm Gewürznelken und 100 Gramm Geranien-Essenz zusammen mit 200 Gramm hochwertigem Alkohol zu mischen und sich damit, vorzugsweise die Arme, einzureiben. Mit Hilfe dieser einfach herzustellenden

Lotion soll sich der Mann nie mehr aus den Armen der Frau lösen können.

Natürlich gibt es auch ein Mittel für den Liebhaber, dieser verwende eine Mischung aus Wein, Kaneel, Muskat und Zitrone, etwas Zucker und füge ein paar Tropfen Mandragora hinzu, um eine Frau in eine wollüstige Schläfrigkeit verfallen zu lassen.

* * *

Liebeskräuter

Eine Pflanze, die in ihrem Namen bereits das Wort Liebe enthält, sollte sich eigentlich auch für Liebeszauber eignen, so behauptet zumindest die mittelalterliche Volkserotik. Hartwig Abrahm und Inge Thinnes, die Autoren des Buches **Zaubertrank und Hexenkraut** (Verlag Urs Freund GmbH, Greifenberg) schreiben über den Liebstöckel: „Aus ihren Wurzeln braute man Liebestränke, und die Mädchen trugen das stark duftende Kraut am Mieder, um den Liebsten zu betören. Heiratsfähige junge Männer glaubten, durch Tragen des Krautes unwiderstehlich für das andere Geschlecht zu werden. In manch geheimem Liebestrank wurde wohl die vermeintliche Wunderkraft ausgenutzt. Mädchen, die am Siebenbrüdertag (10. Juli) Liebstöckel kauten, heirateten noch im selben Jahr und sollten später Mutter von sieben Söhnen werden."

„Immerhin ging der mit der Pflanze verbundene Liebesglaube in Deutschland so weit", führen die beiden Autoren Abraham und Thinnes an; „daß fürsorgliche Mütter ihren Töchtern in der Kindheit das Kraut mit ins Badewasser gaben, um ihnen später die Gunst der Männer zu sichern."

Als weiteres Liebeskraut und Potenzmittel galt das Eisenkraut. Besonders bei den magiekundigen Druiden soll es als Aphrodisiakum Verwendung gefunden haben, die es mit einer Goldsichel schnitten, da nach altem Volksglauben das Eisen- oder Druidenkraut niemals mit einem Eisen- oder Stahlmesser geschnitten werden durfte.

Über das Farnkraut wird berichtet, daß ein heiratswilliges Mädchen, daß ihren zukünftigen Ehemann kennen lernen wollte, in der Johannisnacht (die Nacht auf den 23. Juni) durch Farnkraut laufen solle. Die hängengebliebenen Farnsamen müsse es dann in einem Topf abkochen und trinken und sie werde in der gleichen Nacht von ihrem zukünftigen Liebsten träumen.

Eine andere Liebespflanze ist der Wermut, der vor allem im ägyptischen Liebeszauber Verwendung fand und als das Herz der Katzengöttin Bubastis bezeichnet wurde.

In Frankreich und England galt der Rosmarin als Liebeskraut. Strich ein Mann einem Mädchen mit einem Rosmarinzweig über die Hände, so sollte bei ihr spontan die Liebe erwachen und bald würde Hochzeit sein. Auch heute noch wird Rosmarin neben Rosen, Lilien oder Myrte im Brautstrauß verwendet.

* * *

Brotzauber

Eine weitere überlieferte Methode zum Entfachen der Leidenschaft empfiehlt Martina Yilmaz. Sie schreibt: „Nimm reinen unbehandelten Weizen und breite ihn aus. Entledige dich deiner Kleider und wälze, wende und drehe dich in dem Korn, und denke in Leidenschaft an den, dem die Liebe gilt. Nun mahle den Weizen mit der Hand zu feinem Mehl und nimm ein Siebtel. Den Rest verbirg sorgsam an einem geheimen Ort. Dem ersten Siebtel füge Wasser, Salz, Hefe und Gewürze hinzu. Lege dir von diesem Teig ein Stückchen zurück. Aus dem anderen backe Brot. Das entnommene Teigstückchen mußt du hüten wie deinen Augapfel. Niemand darf es entdecken oder von ihm wissen. Schlage es in rote Seide ein, wenn du magst und wenn es möglich ist, trage es des Nachts an deinem Herzen und denke dabei in Leidenschaft an den, dem die Liebe gilt.

So teile und backe jeden Tag, sieben hintereinander, dein Brot. Das zweite Teigstückchen füge dem ersten hinzu und immer fortan die folgenden. Am siebten Tag nimm den Teig und backe und denke in Leidenschaft an den, dem die Liebe gilt und an den, dem du ein Stück dieses Brotes reichst."

* * *

Frauenzauber

Ein weiteres Rezept um die Liebes eines Mannes zu gewinnen lautet wie folgt: „Nimm die Mumia des Urins und des Monatsblutes und pflanze darin Baldrian, Rosmarin, Beifuß und gib dem Mann davon zu essen, wenn der Mars sich in guter Aspektierung von Venus und Mond befindet."

Die Rolle des Blutes bei magischen Ritualen war in der Vergangenheit bedeutend und besonders der Verwendung von Menstrualblut als Liebesagens wurde eine starke Wirkung zugeschrieben. Ein überliefertes Rezept verlangt, daß man auf den Lenden der Frau einen aus Mehl und ihrem Menstrualblut gemachten Kuchen backen soll. Diese ganz spezielle Speise soll man nun dem Mann zum Essen geben. Sollte er aber abwesend sein, so solle man sie ihm zuschicken. Sobald er davon gekostet hat, werde ihn eine seltsame Aufregung und ein sonderbarer Schwindel befallen und er von Liebe und Lust ganz ergriffen werden.

Die Herstellung einer Liebessalbe

Eine weitere recht dramatische Anleitung für die Herstellung einer Liebessalbe gibt Gregorius: „Nimm zwei Kröten im Frühjahr, wenn sie aus der Erde kommen, trockne sie im Rauch und pulverisiere sie, vermische das Pulver mit Sperma und Monatsblut des Mädchens, tue dazu Safran, Ambra und Alraunwurzel und vermische die Mumia mit deinem Urin, wenn die Sonne oder der Mond im Hause des Skorpion steht. Verreibe die gewonnene Substanz auf deinem Solarplexus und du wirst in allen Liebesangelegenheiten Erfolg haben und unwiderstehlich sein".

* * *

Liebesmilch

Daß sogar in den Klassikern der deutschen Literatur Anleitungen für Sympathiezauber enthalten sind, belegt das nachfolgende Rezept, das dem Buch **Der Geisterseher** entnommen ist und von Friedrich von Schiller wiedergegeben wurde, der dieses als ein magisches Rezept eines Dr. Teufelsdrökh angegeben hat. Im folgenden hier nun die Anleitung: „Um die Liebe einer Frau zu gewinnen, benötigt man nur ein paar Tröpflein ihrer Milch, wenn sie noch stillt. Ein Tröpflein gibt man sich auf die Lippen und die anderen Tröpflein wischt man über Hände, Brust und Leib." Dieser Anleitung zufolge soll die Frau nun ganz ent-flammen vor Lust und Begierde und dem Urheber zu Willen sein. Nun dies ist ein Liebeszauber, der wohl recht einfach aus-zuführen sein dürfte, auch wenn der Autor auch zugeben muß, ihn nicht selbst erprobt zu haben. Eine Wirksamkeit dieses Sympathiezaubers könnte vielleicht darauf zurückzuführen sein, daß durch diese Praktik ein Teil der Mutterliebe der Frau auf den Hexer übertragen wird. Wie auch immer, belegt dieses Rezept doch einmal mehr den grenzenlosen Einfallsreichtum der menschlichen Phantasie.

Das der Muttermilch jedoch ganz besondere Kräfte innewohnen, wußte bereits der große mittelalterliche Magier Agrippa von Nettesheim zu berichten, der ihr eine besonders kräftigende und heilende Wirkung zuschrieb. Auch wurden im Mittelalter und bis in die Neuzeit hinein, Menschen, die unter Schwächezuständen litten und von den Ärzten oftmals bereits aufgegeben wurden, erfolgreich mit Muttermilch ernährt.

* * *

Magie der Tränen

Eine andere, in früherer Zeit recht häufig angewandte Methode, empfiehlt dem Menschen den man liebt, aus jedem Auge eine Träne in sein Getränk zu mischen. Wie schon beschrieben, handelt es sich hier um eine leichte Form der Mumialmagie, die mit körpereigenen Substanzen operiert. Wenigstens ist dies eine mehr oder weniger angenehme und appetitlichere Art der Bezauberung sowohl für den Ausführenden wie auch für den Bezauberten, als die Verwendung von Sperma, Urin oder gar Menstrualblut.

Liebesrezept des Albertus Magnus

Eine Anleitung des legendären Magiers Albertus Magnus besagt: „Wenn du willst, daß deine Frau nicht lasterhaft sei noch nach fremden Männern verlange, nimm die Geschlechtsteile eines Wolfes, und die Haare, die auf seinen Wangen oder den Augenbrauen wachsen, und die Haare, die unter seinem Kinn sind, und verbrenne alles und gib es ihr zu trinken, wenn sie es nicht weiß, und sie wird keinen anderen Mann begehren."

Dieses Rezept dürfte wohl weder der Frau schmecken, noch dem Wolf gefallen von dem die Haare stammen. Auch dürfte eine Wirkung wohl unwahrscheinlich sein und lediglich auf Einbildungskraft beruhen.

* * *

Aphrodisiaka

Kommen wir nun zu den bereits seit Jahrtausenden stets sehr beliebten Aphrodisiaka. Diese Sympathiemittel kann man als Trank, Pulver oder Salbe anwenden. Als typische Aphrodisiaka werden unter anderem folgende Bestandteile aufgeführt: Baldrian, Cantharide, Efeu, Honig, Lavendel, Malve, Muscheln, Petersilie, Rosen, Schierling, Spargel, Vanille, Zypresse und dergleichen mehr.

Aber auch bizarre Ingredienzen wie Geierköpfe, Kröten, Schnecken, Fledermausblut und andere wenig appetitliche Zutaten fanden in der Vergangenheit häufig Verwendung. Die wissenschaftlich als am wirksamsten nachgewiesene Substanz ist eindeutig die Cantharide (Flügeldecken der spanischen Fliege), die heutzutage in den meisten Sexshops frei erhältlich ist oder die man aus diversen Katalogen bequem per Post bestellen kann. Bei allem Eifer, sollte man jedoch auf keinen Fall vergessen, daß diese Substanz als Droge zu den leichten Giften zählt und die vorgeschriebene Dosis sollte lieber *unter* als *überschritten* werden, denn wer möchte schon dem geliebten Menschen bewußt Schaden zufügen.

Sehr beliebt als Liebesanreger ist die bereits erwähnte Gruppe der Körpersubstanzen, der Eingeweihte spricht hier von Mumialmagie, wie Speichel, Tränenflüssigkeit, Schweiß, Blut, Urin, Sperma und hier besonders bei weiblichen Hexern als sehr wirkkräftig beschrieben, das Menstruationsblut.

In dem Buch **Geheimnisse der Liebesmagie** schreibt Dr. E. Laurent: „Noch heutigen Tages reichen abergläubische Frauen ihrem Geliebten ohne dessen Wissen etwas von diesem aus der Zeit ihrer Periode stammenden aphrodisischen Liebestrank, der eine so widerliche und zugleich geheimnisvolle Quelle hat."

Die Autorin und Hexe Conata schreibt in ihrem Buch, das den originellen Titel **Küchenmagie** trägt: „Die klassische Methode von Frauen (um einen Partner zu gewinnen; Anm. des Autors) ist die folgende. Sammle Menstruationsblut und backe es mit etwas anderem Eßbaren. Das gibst du dem Mann, der dich interessiert zu essen."

Weiter schreibt sie: „Du kannst der gewünschten Person auch etwas schenken, was du vorher selbst am Körper getragen hast. Oder du nimmst etwas, das du am Körper getragen hast, beispielsweise einen Ring und legst diesen in ein Getränk".

Der Gedanke, der hinter der Anwendung dieser Substanzen steht ist der, daß man durch diese Körperflüssigkeiten auf unmerkliche Weise mit dem Opfer einen intimen Kontakt herstellt. Man tauscht gewissermaßen mit ihm wie beim Küssen oder beim Geschlechtsakt Körpersekrete aus und man ist mit ihm auch ohne direkten Kontakt intim. Dies wirkt nun um so verheerender, als es dem Opfer gar nicht bewußt ist, was er durch harmlosen Tee, Kaffee oder ein sonstiges Erfrischungsgetränk so alles zu sich genommen hat. Die Wirkung erfolgt dann auf sympathie-magische Weise auf das Unterbewußtsein und die feinstofflichen Körper des Menschen. Auch eine versteckte Beeinflussung über die Körperchemie des Opfers ist hier denkbar.

Hier berührt die Sympathiemagie eine alte okkulte Lehre, nämlich die Lehre vom Od. Diese besagt, kurz ausgedrückt, daß alle Körper von einem unsichtbaren Agens umgeben sind, dem sogenannten Od. Berührt man nun einen Gegenstand, bleibt eigenes

Od an diesem haften. Durch dieses Od vermögen Hellseher noch nach vielen Jahren die Geschichte eines Gegenstandes hellsichtig zu erschauen.

* * *

Die Herstellung von Liebestränken

Ein Rezept für einen einfach herzustellenden Liebestrank lautet: „Nehmen sie eine Prise grauen Ambra, eine halbe Prise Moschus und zwölf Apfelkerne. Zerstoßen sie diese Zutaten und fügen sie noch etwa einen Viertelliter Rotwein hinzu. Nun koche man die Mixtur, bis etwa noch ein Viertel der Flüssigkeit übriggeblieben ist und verwahre diese in einer Flasche auf. Dieser Liebestrank kann nun unter klare Fleischbrühe, süße Getränke oder Cocktails gemixt werden."

Einen weiteren Liebestrank stellt man her, indem man Gewürznelken, Lorbeersamen, italienische Distel und Spatzenwurz in heiße Fleischbrühe gibt, die Brühe dann gut filtert und heiß serviert. Diese Rezepturen, die so ganz ohne ekelerregende Substanzen auskommen, dürften auch für den Behexten wesentlich angenehmer sein, als beispielsweise ein Liebestrank aus Blut, Sperma oder anderen Körperflüssigkeiten. Selbstverständlich kann man, um die Wirkung eines Liebestrankes zu erhöhen, zusätzlich noch eine kleine Menge dieser körpereigenen Substanzen dem Trank beifügen. Dies kann ein jeder nach eigenem Belieben entscheiden.

Ätherische Liebesöle

Viele der ätherischen Öle, die heutzutage eine weite Verbreitung in Duftlampen gefunden haben, eignen sich auch vorzüglich als stark aphrodisisch wirkendes Liebesöl. Eine zärtliche Massage mit Jasmin, Ylang-Ylang, Tuberose oder Zitronengrasöl eignen sich besonders hierzu. Im folgenden werden einige ätherische Öle im Hinblick auf ihre liebessteigernde Wirkung kurz vorgestellt.

Ingweröl wirkt kräftigend, anregend und leicht aphrodisierend.

Jasminöl wirkt beruhigend und gleichzeitig stimmungshebend. Es hilft gut gegen Depressionen, erzeugt Selbstvertrauen, macht euphorisch und wirkt gleichzeitig aphrodisierend.

Kardamonöl hebt die Stimmung, klärt den Verstand und besitzt aphrodisische Wirkung.

Korianderöl wirkt anregend, hilft bei Depressionen und ist gleichzeitig ein sexuell anregendes Aphrodisiakum.

Majoranöl beruhigt Körper und Geist, wirkt sexuell anregend und hilft bei Beklemmungs- und Angstgefühlen.

Nelkenöl gilt gleichzeitig als anregend und krampflösend, es fördert die Konzentration und ist ein bekanntes Aphrodisiakum.

Thymianöl hilft bei Erkältungskrankheiten, Angina, Bronchitis und Halsentzündungen und gilt als leicht aphrodisisch.

Ylang-Ylangöl gilt als ausgezeichnetes Aphrodisiakum. Es besänftigt Zorn und Ärger und hilft bei Depressionen.

Zitronenöl reinigt einen Raum von Giftstoffen, wirkt verdauungsfördernd, hilft gegen Halsschmerzen und gilt als leicht erotisierend.

Sabrina Ulbrich beschreibt in ihrem wirklich ausgezeichneten Buch: **Geheimnisvolle Düfte 2** – Räuchern mit ätherischen Ölen (erschienen im Kersken-Canbaz Verlag, Bergen/Dumme) die Herstellung eines Aphrodisiakums. Benötigt hierzu werden:

2 Handvoll Rosinenblüten, 1 Handvoll getrocknete Apfelschalen, 1 Handvoll getrocknete Zitronenschalen, 4 Teelöffel pulverisiertes Benzoeharz, 5 Tropfen Muskatellersalbeiöl, 5 Tropfen Sandelholzöl, 5 Tropfen Rosenöl und 8 Tropfen Ylang-Ylang-Öl.

Zunächst müssen die getrockneten Zutaten und das Benzoeharz miteinander vermischt werden. Danach werden diese mit den Ölen aromatisiert und alles zusammen für zwei Tage in einem Gefäß ziehen lassen. Die so entstandene Mischung ist nun nur noch in ein Kissen einzunähen, damit sich seine Wirkung entfaltet.

Erotische Parfüms

Die Hexe Sarah L. Morrison empfiehlt in ihrem bereits zitierten **Zauberbuch für neue Hexen** die Herstellung eines erotischen Parfüms. Sie schreibt: „Mischen sie ein Teil Zitronenöl mit einem Teil Patschuli. Geben sie sechs Teile Alkohol und einige Blätter der Gartenlaube hinzu. Nehmen sie dann ein heißes Bad, so daß sie rosig sind und reiben sie sich mit diesem Parfüm ein. Die Männer werden sie faszinierend finden." Soweit die Empfehlung der Hexe Sarah.

* * *

Herstellung eines Odor Aphrodisiacus

In meinem Buch **Praxis der weißen und schwarzen Magie** habe ich die Herstellung eines sexuell anregenden Parfüms beschrieben, das in der magischen Literatur als „Odor Aphrodisiacus" be-zeichnet wird. Dieses Rezept, das auf das geheime Wissen der Sexualmagie zurückgreift und bereits von dem wissenden Magier Gregorius empfohlen wurde, wird folgendermaßen hergestellt:

Vermischen Sie das Destillat von Kastanienblüten mit Sauerdorn und Vanille. Das so hergestellte Parfüm gleicht dem Geruch von frischem Sperma eines Jünglings und wirkt ungemein anregend auf das Unterbewußtsein von Frauen, ohne daß jedoch der

Grundgeruch des Sauerdorn bemerkt wird, da der Duft der Vanille dominant ist.

Selbstverständlich gibt es nun auch für Frauen und Mädchen ein entsprechendes „Odor Aphrodisiacus". Hierzu verwende man das Destillat der Pflanze vulvaria (Gänsefuß), das dem Geruch von Vaginalsekret ähnelt.

Gemeinsam ist diesen erotisch wirkenden Parfüms, daß sie das Unterbewußtsein anregen, ohne daß man sich bewußt wird, warum die eigenen sexuellen Empfindungen so stark aktiviert werden."

* * *

Der Duft der Unsterblichkeit

Ein weiteres stark wirksames erotisches Parfüm ist der sogenannte „Duft der Unsterblichkeit" der auch als „Ruthva" bezeichnet wird. Dieser Duft geht auf den englischen Okkultisten und Magier Aleister Crowley zurück, dessen Wirkung auf Frauen geradezu sensationell gewesen sein soll.

Hier noch einmal kurz das Herstellungsverfahren: „Mischen Sie einen Teil Ambraöl mit zwei Teilen Moschus und drei Teilen Zibet. Die so entstandene Mischung verreiben Sie nun auf Ihrem Körper, ganz besonders jedoch in den Haarwurzeln".

Nach Crowley verfügt jeder, der nach seiner Anleitung handelt, über eine höchst wirksame Waffe, die um so wirksamer ist, da sie im verborgenen wirkt. Dieses Parfüm bewegt die elementarsten Kräfte der Natur, bei Frauen und Mädchen, die man verführen möchte. Die Frauen gehorchen ihrem Instinkt und das mit um so tödlicher Sicherheit, da sie nicht wissen, daß sie unter einem unsichtbaren Zwang handeln. So jedenfalls nach den Worten von Aleister Crowley und wenn man sich seine sagenhafte Wirkung auf Frauen ins Gedächtnis ruft, spricht wohl nichts gegen einen Versuch mit Ruthva.

Bei den vorangegangenen Rezepturen wurde eine Reihe der bekanntesten Sexualdüfte zur Anwendung gebracht. Ambra, Moschus und Zibet sind seit längerem für ihre anregende Wirkung bekannt. Der Sauerdorn, als sexuell stark anregender Duft, der dem Geruch des frischen Spermas eines Jünglings ähnelt, entstammt alten magischen Quellen. Der Duft der Vanille, der auf Männer bekanntermaßen stark aphrodisierend wirkt, wurde und wird sehr häufig von einer Vielzahl von Parfümherstellern verwandt, man denke hier nur an den Erfolg der Damen-Parfümmarke Joop, die alle mehr oder minder mit Vanilledüften angereichert sind.

Zum Thema der Liebesparfüms gehören auch die von einigen Sexartikelanbietern angepriesenen sogenannten Sex-Lockstoffe. So sind unter anderem beim Orion-Versand in Flensburg die

Duftstoffe P6, Sex-Instinct und Super Gail zu erhalten, die sexuell durchschlagenden Erfolg versprechen. Diese Duftstoffe machen sich die Wissenschaft um die Wirkung der Hormone zu Nutze und verwenden in ihrer Zusammensetzung sogenannte Pheromone, die auch als Glückshormone bezeichnet werden. Alle diese Düfte zielen auf das Unterbewußte des Menschen ab und werden meist nur unterschwellig wahrgenommen. Sie entfalten ihre Wirkung jedoch dadurch, daß sie die Urinstinkte des Menschen ansprechen und so unerkannt und im verborgenen wirken können. Wer sich hierfür interessiert, findet noch eine ganze Reihe weiterer Sexduftstoffe, die am Markt erhältlich sind. Hier gilt jedoch wie überall, daß ein weniger oft mehr ist. Denn wenn ein solcher Duft, der immer nur äußerst sparsam verwandt werden soll, als Duftwolke bemerkt wird, hat er seine unterschwellige Botschaft und seinen Einfluß auf das Unterbewußtsein verloren.

* * *

Liebeszauber des Astrologen Zadkiel

Der Astrologe Zadkiel rät bei Liebesangelegenheiten, eine Haarlocke in jedem Brief an die Angebetete mitzuschicken, denn dann, so führt er aus: „wird die Sympathie viel entschiedener sein, denn es ist ein Teil von eurer Person und kommt einem persönlichen Besuche gleich." Diese Anleitung, dürfte im Zuge zunehmenden Haarausfalls bei Männern im fortgeschrittenen

Alter, wohl immer schwieriger werden. Wie man sieht, ein Rezept, das Kahlköpfe eindeutig benachteiligt. Aber auch für Glatzköpfe gibt es einen Rat, sie nehmen statt Kopfhaaren einfach Schamhaare oder Körperhaare. Raffinierte Frauen verwenden natürlich ebenfalls zusätzlich zu ihrer Haarlocke ein paar ihrer Schamhaare, die sie geschickt und unauffällig mit den anderen verweben.

* * *

Herstellung eines Liebesrings

Um sich einen Liebesring herzustellen wird folgendes Vorgehen empfohlen: „Nimm einen mit einem kleinen Diamant verzierten Goldring, der noch nicht getragen worden sein darf, seit er aus den Händen des Herstellers hervorgegangen ist; umhülle ihn neun Tage und neun Nächte zwischen deinem Hemd und deiner Haut über deinem Herzen. Am neunten Tag erhebe dich vor Sonnenaufgang und graviere mit einem neuen Stichel innen in den Ring das Wort *Scheva*. Darauf versuche durch irgendein Mittel drei Haare von der Person zu bekommen, von der du geliebt sein möchtest und verflechte sie mit dreien von deinen eigenen, indem du dabei sprichst: „O Körper liebe mich, damit dein Vorhaben ebenso feurig gelinge als das meine durch die wirksame Kraft Schevas."

Du mußt die Haare zu Liebesschlaufen verknüpfen, so daß der Ring etwa inmitten der Schleife verflochten wird, dann hülle ihn in Seidenstoff ein und trage ihn von neuem sechs Tage auf deinem Herzen. Am siebten nimm ihn aus der Liebesschlaufe und gib ihn der geliebten Person. Achte aber darauf, daß die ganze Operation vor Sonnenaufgang geschieht.

* * *

Kerzenzauber

Eine Anleitung, die an das in der Vergangenheit gern und häufig angewandte Nestelknüpfen erinnert, lautet wie folgt: „Nimm zwei Kerzen, von denen die eine den Mann und die andere die Frau darstellen und zünde sie beide an. Rücke nun diese Kerzen Tag für Tag ein Stück näher zusammen. Konzentriere dich bei der Ausführung dieser Kerzenmagie darauf, daß die Liebe zwischen den beiden Menschen, die durch die Kerzen dargestellt werden, Tag für Tag immer stärker und brennender wird.

Man kann, um die Wirkung noch zu erhöhen, die beiden Kerzen in einem feierlichen Akt mit Hilfe von etwas Weihwasser auf die Namen der beiden Personen taufen, oder mit einem persönlichen Gegenstand versehen. Ganz besonders eignen sich hierzu, wie bereits beschrieben, eigene Haare oder Fingernägel.

Sorella Conata führt in ihrem bereits angeführten Buch **Küchen-magie** an, daß man die beiden Kerzen am Ende der Zeremonie sich berühren lassen oder sie zusammen verschmelzen lassen kann. Mit etwas eigenem Nachdenken kann man diese Technik weiter ausbauen und verfeinern. Das wesentliche an dieser Methode ist jedoch, daß man fest davon überzeugt ist, daß die beiden Kerzen die betreffenden Personen auch tatsächlich darstellen und daß man die Personen durch das Ritual des täglichen Zusammenführens auch wirklich zueinanderbringt.

* * *

Die Magie des Atems

Eine schöne und einfach durchzuführende Praktik ist die der magischen Atemimprägnierung. Hierzu begebe man sich in eine bequeme Körperhaltung und entspanne sich durch einige tiefe Atemzüge. Nun stellt man sich so plastisch wie möglich vor, wie man mit der Atemluft eine bestimmte Eigenschaft z.B. Liebe, Erotik, Anziehungskraft oder eine andere gewünschte Eigenschaft in sich einatmet, gleichsam wie ein trockner Schwamm in sich einsaugt. Die Atmung muß hierbei entspannt und ruhig erfolgen, auf keinen Fall darf man hier krampfhaft oder gezwungen atmen. Die Atmung soll entspannt und automatisch fließen, nur mit der starken Vorstellung verbunden, daß mit jedem Atemzug, die gewünschte Eigenschaft dem Körper zugeführt wird.

Beim normalen Atmen wird dem menschlichen Körper nur soviel Energie und Lebenskraft zugeführt, wie zu dessen Erhaltung notwendig ist. Bei der bewußten Atmung hingegen, wird zusätzlich eine bestimme Eigenschaft im Körper aktiviert und freigesetzt, die sich durch fortgesetzte Wiederholung mehr und mehr verwirklicht. Besonders Abends vor dem Einschlafen ausgeführt, erzielt man hier bereits nach nur wenigen Wochen sehr schöne Ergebnisse. Aber nicht nur Liebe und Anziehungskraft kann man sich so magisch eratmen, auch Glück, Gesundheit, Erfolg, Harmonie, Ruhe, Frieden und vieles mehr, läßt sich so fast spielerisch herbeiführen.

Täglich etwa 15 bis 30 Minuten regelmäßige Atemimprägnierung genügen hier vollkommen, nur beschränke man sich auf das Einatmen immer nur einer Eigenschaft. Erst wenn man mit dem Erreichten zufrieden ist, wende man sich einer anderen Eigenschaft zu.

* * *

Zigeunermagie

Aus der reichhaltigen Liebesliteratur allseits bekannt, ist der Sympathiezauber, das eigene Taschentuch eine Zeitlang unter der Achselhöhle oder an den Geschlechtsorganen zu tragen und damit dem Partner nach einem anstrengenden Tanz oder einer anderen schweißtreibenden Tätigkeit damit das Gesicht abzu-tupfen. Von der Wirksamkeit dieser Methode kann man sich leicht überzeugen, wenn auch im Zeitalter der Tempos und Papiertaschentücher diese Praktik etwas erschwert wird. Dieser Sympathiezauber wurde bereits von dem, in okkulten Dingen sehr bewanderten Volk der Zigeuner zur Zähmung wilder Pferde benutzt.

Dr. Emil Laurent führt in seinem Buch **Okkultismus und Liebe** an: „daß die nähere Bekanntschaft mit der Transpiration eines Menschen der erste Anlaß zu einer leidenschaftlichen sein kann, dies beweist der Fall Heinrichs III., welcher sich zufällig bei dem Vermählungsfest des Königs von Navarra mit Margarethe von Valois mittels des schweißtriefenden Hemdes der Maria von Cleve das Gesicht getrocknet hatte. Obgleich Letztere die Braut des Prinzen von Conde war, fühlte Heinrich dennoch sofort eine leidenschaftliche Liebe zu ihr, daß er ihr nicht widerstehen konnte, und Maria dadurch, wie geschichtlich bekannt, höchst unglück-lich machte."

Auch hier sieht man, daß eine magische Praktik der Partner-zusammenführung, wenn auch wie hier, wohl unbewußt ge-schehen, nicht nur Glück und Liebe hervorbringt. Man überlege sich also gut, in welchen Fällen man zu den Rezepten der Liebes-und Sympathiezauber greift, denn das Schicksal geht oft die eigenartigsten Wege. Auch der Fall des Universitätsprofessors hat, wie bereits beschrieben, den magisch Zusammengeführten kein Glück gebracht.

Noch einen weiteren Fall beschreibt Dr. Emil Laurent von Heinrich dem IV., bei dem die Leidenschaft zur schönen Gabriele von dem Augenblick an entstanden sein soll, wo er sich auf einem Ball mit dem Taschentuch dieser Dame die Stirn abgetrocknet hatte.

Dieselbe Technik empfiehlt auch der Okkultist Willy Schrödter in seinem Buch *Grenzwissenschaftliche Versuche für jedermann*, in dem man eine Reihe von recht einfach nachzuvollziehenden esoterischen Experimenten finden kann.

Erwähnenswert ist auch die Tatsache, daß, wenn sich ein Liebespaar auf den Philippinen trennt, sich Mann und Frau gegenseitig Kleidungsstücke überlassen. Die Kleidungsstücke werden sorgfältig aufbewahrt und tagsüber, aber besonders in der Nacht berochen und mit Küssen bedeckt, um sich so gegenseitiger Treue zu versichern.

* * *

Farbenzauber

„Rot ist die Farbe der Liebe" schreibt Mathias Mala in seinem Buch *Weiße Magie* (erschienen im Peter Erd Verlag, München)

„weswegen vor allem rote Utensilien, wie etwa rote Eier, im Liebeszauber Verwendung finden. So empfiehlt beispielsweise schon Vergil: „Dreimal knüpf die rote Blüte der Amaryllis in Knoten und sprich: Ich knüpfe die Fesseln der Venus."

„Eine rote Koralle gilt als Symbol der Liebe und soll eine bestehende Beziehung festigen. Rot war ursprünglich auch die glückbringende und übel abwehrende Farbe der Braut, deshalb sollte auch die weiße Braut etwas Rotes am Leibe tragen. Wer einen roten Faden spinnt und dabei an seinen Schatz denkt, der bindet ihn an sich, vor allem dann, wenn er zusätzlich Knoten in den Faden knüpft. Und ein rotes Herz hängt man an das Bild oder die Wachspuppe des Geliebten." Soweit die Ausführungen Mala's. Das rot aber nicht nur die Farbe der Liebe, sondern auch die Farbe der Lust und sexuellen Leidenschaft ist, zeigen noch heute die roten Lichter in und an Bordellen und Freudenhäusern. Der Volksmund, der noch viel Wahrheit überliefert hat, nennt diese Stätten der Lustbarkeit nicht umsonst Rotlichtviertel und berührt hier ein okkultes Geheimnis. Sehr wirkungsvoll sind auch rote Dessous und rote Reizwäsche. Auch der Anblick roter Stöckelschuhe haben eine stark aufreizende Wirkung auf jeden Mann.

Okkult läßt sich die Wirkung der Farbe rot dadurch erklären, daß sie die Farbe der Astralebene darstellt. Die Astralebene ist in etwa mit dem Fegefeuer der christlichen Religion vergleichbar und ist die Region der Gefühle, Triebe und Leidenschaften.

Diese feinstoffliche Ebene schwingt in einem roten Farbton, der um so dunkler ist, je niederer oder tierischer die vorherrschenden Begierden und Wünsche sind. Der Magier spricht hier von dem sogenannten Dormetenrot, einem tief dunklen schwarzrot, das die Farbe der Astraldämonen ist und von dem wir in besonderen Alpträumen manchmal noch eine sonderbare Erinnerung nach dem Erwachen mitbringen.

* * *

Erotische Träume herbeiführen

Wer nun direkten Einfluß auf seine Träume nehmen möchte und auch im Schlaf noch mit dem geliebten Menschen zusammen sein will, versuche die folgende magische Anweisung. Legen sie ein Kleidungsstück des Geliebten auf ihr Kopfkissen, oder träufeln sie einen Tropfen von dessen Parfüm aus das Kissen. Innerhalb von ein oder zwei Tagen wird man von dem Partner lebhafte Träume haben. Wer dies nicht glaubt, sollte es einfach mal ausprobieren und wird dann überrascht sein, wie leicht und sicher diese Traummagie funktioniert. Selbstverständlich kann diese Technik auch zum Hervorrufen erotischer Träume genutzt werden. Man betrachte vor dem Einschlafen sehr intensiv und mit dem festen Wunsch verbunden, die Fotografie desjenigen von dem man träumen möchte. Zusätzlich versetze man sich in Erregung, etwa durch leichte Selbstbefriedigung und atme dabei einen außergewöhnlichen oder seltenen Duft ein. Danach verwende man diesen Duft, indem man ein oder zwei Tröpfchen (auf keinen Fall mehr) auf das Kopfkissen träufelt, Zwar ist diese Traumbeeinflussungsmaßnahme etwas schwieriger durchzuführen, aber besonders Frauen besitzen hier meist die angeborene Fähigkeit, erotische Träume von einem Wunschpartner hervorzurufen. Wer sich näher für die Thematik des Traumes und Möglichkeiten der Traumbeeinflussung interessiert, sei auf das Buch *Macht und Geheimnis der Träume* von P. Hartmann (erschienen im Esoterischen Verlag) verwiesen.

Von der Beeinflussung der Träume und dem Hervorrufen erotischer Abenteuer im Schlaf, ist es nur noch ein kleiner Schritt zum sexualmagischen Umgang mit Inkubi und Sukkubi. Ein Inkubus ist ein männlicher Sexualdämon (auch als „Draufflieger" bezeichnet), ein Sukkubus ein weiblicher Sexualdämon („Drunterlieger"). Wie man mit diesen Dämonen der Astralebene in sexuellen Kontakt tritt, findet der Interessierte in dem *Handbuch der Sexualmagie*, von Frater V.D. (erschienen in der Akasha Verlagsgesellschaft Haar) beschrieben. Bei diesen fortgeschrittenen magischen Praktiken ist jedoch besondere Vorsicht geboten, da hierbei leicht sexuelle Abhängigkeiten und Hörigkeiten geschaffen werden. Empfehlenswert sind solche Techniken auf jeden Fall nicht. Sie entfremden den Ausführenden in zunehmendem Maße von der Umwelt und können gar eine Besessenheit hervorrufen. Der einzige Vorteil, den der Umgang mit Inkubi und

Sukkubi bringt, ist, daß durch diese magischen Praktiken die eigene sexuelle Anziehungskraft, der sogenannte Sex-Appeal, erhöht wird.

* * *

Die Herstellung eines Liebesgürtels

Titania Hardie, die Autorin des Buches **Liebeszauber - Titanias Buch der Liebesmagie** (erschienen im Franckh-Kosmos Verlag, Stuttgart) gibt Anweisungen zur Herstellung eines die Liebe fördernden Venusgürtels. Sie schreibt: „Sie stellen Ihren Venusgürtel folgendermaßen her: Bei Vollmond flechten Sie die Haarsträhnen (von Ihnen und Ihrem Liebsten, Anm. des Verfassers) mit Strickbaumwolle (in drei verschiedenen Farben) zusammen und verknoten die Enden. Nun flechten Sie die Kordeln zu einem Zopf zusammen, und währenddessen singen Sie ein Liebeslied, das Sie an ihn denken läßt. Flechten Sie die Worte des Liedes in Ihren Gürtel mit hinein. Um die Mitte des Gürtels schlingen Sie den kleinen Zopf aus Haaren und Baumwolle, dann sichern Sie die Enden mit einem dekorativen Gegenstand nach Wahl: Quasten bieten sich am ehesten an, aber vielleicht entscheiden Sie sich auch für Glücksbringer, Muscheln oder andere persönliche Dinge. Der Gürtel ist jetzt fertig, und bevor Sie ihn das erste Mal tragen, d.h. an einem Abend, der ungezügelte Leidenschaft zu bringen verspricht, sollten Sie sich ein paar **Tränen Amors** (je 2-3 Tropfen Tuberosen-, Jasmin- und Ylang-Ylang-Öl, 1 Tropfen Moschusöl, alles vermischt in 10 ml Mandelöl) zwischen die Brüste, in die

Kniekehlen oder hinter das Ohrläppchen etc. tupfen. Der Gürtel verleiht der Trägerin magische Kräfte, und die Düfte erregen denjenigen, dessen Nase sie kitzeln." Soweit die Anleitungen der Hexe Titania Hardie.

* * *

Die Liebesrezepte des Kama Sutra

Auch das bekannte *Kama Sutra* enthält Anleitungen zur Sympathiemagie wie etwa den Rat: „Wenn man in gezuckerter Milch Knoblauchknollen mit Süßholz trinkt, wird man potent. Das Trinken von gezuckerter Milch, hergestellt aus den Hoden von Widder und Bock, wirkt auf die Potenz. Ebenso wenn man aus Reis, den man mit dem Saft der Wurzel des langen Pfeffers und Moschus angerichtet hat, eine Milchspeise kocht, sie mit Honig und zerlassener Butter übergießt, und davon nach Bedarf ißt".

Eine andere Vorschrift besagt, daß man Wurzelstückchen von Acorus Calamus, mit dem Öl eines Mangobaumes bestreichen soll und diese Wurzel dann in einem ausgehöhlten Ast des Dalbergia Sisoo-Baumes für die Dauer von sechs Monaten aufbewahren muß. Die so entstandene *Salbe der Götter* soll anziehend und gewinnend wirken.

Noch eine Reihe weiterer solcher Anleitungen und Rezepte findet man im Kama Sutra und wer sich dafür interessiert sollte sie ruhig einmal ausprobieren, schädlich sind sie jedenfalls nicht und sie enthalten auch keine unappetitlichen Bestandteile, wie sie doch so häufig in vielen anderen Werken empfohlen werden.

* * *

Liebessalben

Eine sehr schöne Liebessalbe, die bei einer Frau die Wirkung und Anziehungskraft einer Jungfrau bewirken soll, beschreibt Martina Yilmaz in ihrem Buch **Zauberkräuter - Hexengrün.** Sie schreibt: „Willst du der Liebe mehr Kraft verleihen, so nutze dies einfache Rezept. Bereite einen Liebestrank aus reiner Milch, Fenchel, Süßholz, geschmolzener Butter, Zucker oder Honig. Wasche täglich deine verborgene Gegend mit einem durch Zusatz von alkoholischen Benzoen milchig gewordenen Wasser und du wirst einer Jungfrau gleichen."

* * *

Potenzsteigernde Mittel

Die Hexe Kithara empfiehlt in ihrem Buch **: Das geheime Wissen einer modernen Hexe** die Anwendung von Sellerie zur Potenzsteigerung des Mannes und hat auch ein schönes Rezept für die praktische Anwendung. Hierzu werden fünf Stangen Sellerie und etwa 1 Liter süßer Weißwein benötigt. Der Sellerie wird geputzt und in feine Streifen geschnitten. Zusammen mit dem Wein werden die Selleriestreifen bei kleiner Hitze 15 Minuten erwärmt. Danach ist die abgeseihte Flüssigkeit in eine Flasche zu füllen und eine Woche lang an einem warmen Ort aufzubewahren. Täglich ein großes Glas vor dem Essen getrunken, soll entspan-nen, Kummer und Sorgen vertreiben und sich sehr förderlich auf die Potenz auswirken. Diesen Zaubertrank kannte angeblich bereits Calypso und soll sie den Männern des Odysseus ge-geben haben, um sie liebestoll zu machen, so jedenfalls nach den Berichten des Homer und der Schilderung der Hexe Kithara.

Albertus Magnus, der legendäre Magier der Antike, den wir bereits zitiert haben, empfiehlt eine Krone aus Verbenenkräutern um den Hals getragen, als ausgezeichneten Liebeszauber, denn diese Kräuter sollen die Potenz des Mannes beim Geschlechtsverkehr ungemein stärken.

Eine andere Anleitung, die auf Albertus Magnus zurückgeführt wird, besagt, daß man Immergrün zusammen mit Regenwürmern pulverisieren muß. Diese Mixtur soll, besonders wenn sie in einer Fleischspeise dargereicht wird, Liebe und Leidenschaft entfachen. Ich kann nicht glauben, daß man eine Person mit diesem Mittelchen verführen möchte, denn allein schon der Gedanke jemanden zu küssen, der diese widerliche Mixtur zu sich genommen hat, verhindert wohl jeden erotischen Gedanken. Auch ist der magische Charakter bei dieser Rezeptur gleich null und als Aphrodisiaka sind die Zutaten Immergrün und Regenwürmer ohne Wirkung. Aber vielleicht versetzt ja der Glaube auch hier die sprichwörtlichen Berge und führt zum Erfolg.

* * *

Hippomanes

Die Herstellung eines besonders wirkungsvollen animalischen Talismans für Liebesangelegenheiten beschreibt Dr. E. Laurent: „Man findet oft am Kopfe des Füllens (junges Pferd; Anmerkung des Verfassers) und der Stute einen Hautlappen, von dem man einen wunderbaren Gebrauch machen kann; denn wenn man diesen Hautlappen, den die Alten *Hippomanes* nannten, erlangen kann, muß man ihn in einem neuen glasierten, irdenen Topf und in einem Backofen trocknen. Trägt man ihn und läßt ihn von der Person berühren, von der man geliebt sein will, so wird man Erfolg haben."

* * *

Aphrodisiakischer Wein

Frater Widar, der Experte der Wicca-Magie beschreibt in seinem Buch *Magie und Praxis des Hexentums* eine Reihe von Rezepturen zur Herstellung von sogenanntem Sabbatwein, der bei Hexenfeiern gern verwandt wird und dem unter anderem auch aphrodisiakische Wirkungen zugeschrieben werden. Seine Anleitungen lauten wie folgt: „Nehmen Sie 1 Liter Rotwein, je 1 Teelöffel Kardamon, Nelkenblüten, Hyazinthenblüten, Mistel und 2 Teelöffel Vanille. Das Gemisch wird gut aufgekocht. Dann läßt man es gut abkühlen und seiht es durch."

Beltane-Wein

Der Beltane Wein, schreibt Frater Widar soll neben seiner gesundheitsfördernden Wirkung die sexuelle Leistungsfähigkeit erhöhen.

1. Rezept

1 Liter Wein, je 1 Teelöffel Gartenkresse pulverisiert, Nelkenblüten, Anis, Vanille und je ein halber Teelöffel Leinsamen und Muskat.

2. Rezept

1 Liter Wein, 3 Teelöffel zerkleinertes Farnkraut, 3 Teelöffel Bienenhonig und je 1 Teelöffel Zimt, Majoran, Basilikum und Rosmarin.

3. Rezept

1 Liter Wein, 1 Eigelb, 1 Stange Zimt, 4 Teelöffel Bienenhonig, 3 Teelöffel Zucker, je 1 Teelöffel Kardamon und Salbei sowie ein halber Teelöffel Ingwer.

Das jeweilige Gemisch wird gut verrührt und kurz aufgekocht. Danach läßt man es etwa eine Viertel Stunde ziehen, siebt es durch und verwahrt es in einem geeigneten Gefäß bis zu seiner Verwendung auf.

* * *

Liebesräucherungen

Auch durch die Verwendung exotischen Räucherwerks, kann eine nachhaltige Beeinflussung des Liebesverhaltens herbeigeführt werden. Besonders der weibliche Geruchssinn, der viel stärker als der männliche ausgeprägt ist, reagiert sehr empfänglich für Gerüche und Düfte. Frater Widar empfiehlt in seinem Buch **So lernen Sie hexen** die Herstellung eines aphrodisiakischen Hexenräucherwerks. Damianablätter, Muira-Puma-Holz, rote Rosen-blüten, Orangeblüten, Jasminblüten, einige Tropfen Moschusöl, sowie etwas Honig und Rotwein sollen gemischt, getrocknet, zerrieben und nachher auf etwas Holzkohle geräuchert werden. Diese Räucherung steigert das Lust- und Liebesempfinden.

Frater Widar empfiehlt weiter: „Man kann auch die Substanzen mehrere Wochen in 125 ml 70-80 %igem Alkohol ziehen lassen und benutzt dann je nach Bedarf von dieser Tinktur 1-2 Tee-löffel, die in das Räucherfeuer gegossen werden (der hoch-prozentige Alkohol ist leicht entflammbar!). So hat man nicht nur einen entsprechenden Räucherstoff, sondern auch - einige

Tropfen auf Haut und Kleidung gebracht - eine Art magisches Parfüm." Dieses Parfüm, kann ohne große Vorkenntnisse und langwierige Rituale sehr leicht hergestellt werden.

* * *

Das Atzmännlein

Kommen wir nun zu einer weiteren magischen Praktik, die heute besonders im Bereich des Hexentums starke Verbreitung gefunden hat, dem sogenannten Puppenzauber. Hierbei wird eine Puppe, die man auch Atzmännlein nennt und die vorwiegend aus Wachs besteht, verwandt.

Eine einfache Anleitung zur Herstellung einer Liebespuppe sieht folgendermaßen aus. „Kneten sie aus Wachs die Figur eines Mädchens mit ausgebildeten Brüsten. Je größer die Ähnlichkeit der Wachsfigur mit dem Menschen ist, den man beeinflussen möchte, um so besser ist dieses für unser Vorhaben. Quer über die Brust der Puppe schreibe man den Namen des Mädchens. Unter starker Konzentration spreche man nun einige selbstgewählte Formeln, daß sich die Geliebte ebenso den eigenen Wünschen fügen möge, wie die Wachspuppe, die man in den Händen hält.

Nun bohren sie vorsichtig eine Nadel in das Herz der Wachspuppe. Beim Zubettgehen nehmen sie die Puppe und legen sie

sie neben sich auf das Kopfkissen. Am nächsten Morgen tauche man die Puppe in Rosenwasser und setze sie den Strahlen der Sonne aus. Wollen sie nun sexuelle Leidenschaft in dem Mädchen erregen, nehmen sie die Puppe in ihre Hände und projizieren sie ihre stärksten Gefühle der Leidenschaft und sexuellen Begierden in die Puppe".

* * *

Puppenzauber

Dr. Laurent schreibt in seinem Buch **Okkultismus und Liebe**: „Die Tradition der Puppen aus Ton, Wachs und anderen Substanzen scheint für die Art der Beschwörungen aus Liebe und Haß universell zu sein. Man begegnet derselben im assyrischen, ägyptischen, griechischen und römischen Altertum. Sie blieb während des Mittelalters bestehen und noch heute findet man sie bei wilden Völkern, bei den Malaien, den Polinesiern und auf Borneo."

Die Geschichte der magischen Wachspuppen und mittelalterlichen Atzmänner ist oft erwähnt und so soll unter anderem der Bischof von Troyes Guichard versucht haben, die Königin Johanna von Navarra solcherart zu bezaubern. Hans Biedermann berichtet in seinem **Handlexikon der magischen Künste**, daß Guichard 1308 offiziell beschuldigt wurde, seine Angebetete magisch getötet zu haben, nachdem er ihr Wachsbild nach einer mißlungenen magischen Operation ins Feuer warf.

Die Theorie des Bezauberns mittels einer Puppe oder einem Porträt der betreffenden Person ist übrigens keinesfalls neu und Dr. Laurent schreibt: „Schon Paracelsus wandte (den Bildzauber) an, Respekt daher vor ihrem Alter! Dieser berühmte Okkultist ist der Vater des okkulten Gesetzes, welches konstatiert, daß sich ein Teil des Erinnerungsvermögens des Subjekts durch Ausstrahlen in dem Bilde fixiert, das man von demselben auf irgendeinem Gegenstand anfertigt. Nach Paracelsus empfinden Personen, deren Bilder man malträtiert, den entsprechenden Schmerz an ihrem Körper. Diese Theorie ist von zahlreichen Forschern wieder aufgegriffen worden, in Frankreich besonders von Oberst de Rochas und Jules Lermina."

Wenn man sich in diesem Zusammenhang die große Furcht primitiver Völker sowie afrikanischer oder südamerikanischer Stämme vor dem fotografiert werden ins Gedächtnis ruft, erkennt man, die hier zu Grunde liegende magische Vorstellungswelt des Menschen. Wer bereits eine magische Praktik des Bild- oder Puppenzaubers mit Erfolg ausgeführt hat, wird die religiösen Vorstellungen der sogenannten primitiven Völker wohl mit anderen Augen sehen.

Doch kommen wir zu einer weiteren Vorschrift des Puppenzaubers. „Willst du die Liebe von jemandem erringen, so fertige ein Abbild von demjenigen aus Wachs an. Ein Haar oder auch ein Kleidungsstück der geliebten Person muß in oder an dem Abbild befestigt werden. Binde diesen Gegenstand möglichst mit einem roten Seidenband fest und nicht mit einer Nadel, denn sonst würdest du die Liebe verletzen. Jetzt hege und pflege es mit brennender Liebe, so wie du es mit dem Geliebten tun würdest. Gib ihm zu essen, wasche und salbe es mit feinen Essenzen, die die Kraft der Liebe enthalten. Mache dies jeden Tag, und du wirst sehen, der Geliebte wird kommen und dich umwerben" so die schöne Anleitung von Martina Yilmaz aus ihrem Buch **Zauberkräuter - Hexengrün** (erschienen im Kersken-Canbaz Verlag, Bergen/Dumme).

Eine weitere schöne Anweisung für einen magischen Puppenzauber stammt von der Hexe Sandra (**Hexenrituale**, erschienen im Goldmann Verlag). Sie empfiehlt als Material vorzugsweise Bienenwachs, oder wo solches nicht vorhanden ist, Stroh, Papier, Stoff, Brot oder Salzteig. Bei der Anfertigung der Puppe soll man sich so stark wie möglich auf die Zielperson konzentrieren. Die Puppe muß die Person, die man liebt und begehrt, quasi verkörpern.

Weiter empfiehlt Sandra, den Namen der geliebten Person auf der Brust der Puppe anzubringen. Danach lege man die rechte Hand auf die Brust der Puppe und sage eine vorher bereits entwickelte persönliche Formel, etwa: „Du denkst an mich und deine Liebe und Zuneigung zu mir wird stärker und stärker." Eine andere Formel wäre: „Du findest mich Tag für Tag sympathischer und attraktiver und deine Leidenschaft und Liebe zu mir entflammt täglich mehr und mehr." Dieses Ritual führe man nun täglich mehrere Minuten aus. Das ganze soll über den Zeit-raum von mindestens einer Woche täglich ausgeführt werden.

* * *

Baumzauber

Die Münchner Hexe Sandra hat noch eine weitere sehr interessante Technik, für die eine zweite Wachspuppe benötigt wird. Sie empfiehlt: „Zur Puppe der geliebten Person fertige noch eine von dir selbst. Wieder ritzt du den Namen in die Puppe ein. Vergiß nicht, bei der Herstellung der Puppen immer liebevolle Energie hineinfließen zu lassen und ganz konzentriert zu sein. Zur Verstärkung des Rituals kannst du aus Fotos die Gesichter ausschneiden und in die Köpfe der Puppen einarbeiten. Noch mehr Wirkung wird erzielt, wenn die eine Puppe auf dem Kopf ein paar Haare von dir und die andere Puppe ein paar Haare von der geliebten Person trägt.

Lege die Puppen mit den Gesichtern aufeinander, wenn sich die Puppen auch noch umarmen, ist es besser, Wickle sie dann kräftig mit einer Schnur ein. Diese Fesselung stellt nicht das

Aneinanderketten zweier Menschen dar, sondern ist ein geistiges Liebesband zwei ansonsten eigenständiger Persönlichkeiten!"

Die reine Liebesenergie der beiden wird geschützt, indem du nun das Puppenpaar in weißes oder rotes Seidentuch wickelst, Seide blockiert Störendes von außen. Das Ganze vergräbst du am Venustag, am Freitag, tagsüber (nie nach Sonnenuntergang) bei zunehmendem oder direktem Vollmond unter einem Baum, der Früchte hervorbringt.

Ein Kirschbaum mit seinen roten Früchten eignet sich am besten; aber auch alle anderen Fruchtbäume sind gut für dieses Ritual. Beim Vergraben denkst du intensiv an das glückliche Zusammensein mit dem Partner. Besuche dann deinen Liebesbaum ab und zu und stelle dir wieder schöne Situationen mit ihm/ihr vor. Also nicht zwanghaft denken, sondern sich entspannt mit Visualisierungen die ersehnte zukünftige Situation ganz konkret vorstellen". Soweit die sehr nützlichen Anleitungen Sandras (Sandra: *Hexenrituale*, Wilhelm Goldmann Verlag, München).

* * *

Anziehungspuppen

Nicholas Hall zeigt in seinem Buch *Chaos & Hexenzauber* (erschienen im Bohmeier Verlag, Soltendieck) eine Erweiterung der oben angeführten Technik mittels zweier Wachspuppen. Er schreibt:

„Wie sonst auch, wird die Puppe für den Hexer/Klienten nach den beschriebenen Richtlinien hergestellt, und die Puppe, die die dritte Partei repräsentiert, muß entweder mit einer Fotografie oder mit einem anderen Objekt, mit dem die Person in Kontakt gewesen ist, geladen werden, um die erforderliche magische Verbindung herzustellen. Besitzt der Hexer einen Brief oder eine Postkarte, die von der Person abgesendet wurde, kann diese rituell verbrannt und mit Spucke oder einem Tropfen Blut zu einer Paste verarbeitet und auf beide Puppen gerieben werden. Schreibe die Namen beider Parteien auf die Rückseite der Fotografie; wenn dies die einzig verfügbare Verbindung und das gewünschte Ergebnis der Zauberei ist, verbrenne sie über einer grünen Kerze und die Asche auch. Mache je ein Loch in die Bauchregionen beider Puppen, fülle diese mit je der Hälfte der Asche und verschließe sie wieder mit dem Wachs der grünen Kerze, mit der du das Foto verbrannt hast. Diese Technik wird helfen, die menschlichen Gegenstücke der Puppen in eine erste Verbindung zu bringen, als Vorbereitung für weitere magische Operationen."

Nicholas Hall empfiehlt dann im weiteren, die beiden Puppen übereinander zu legen und sie mit einem Stück Schnur zusammenzubinden. Danach soll ein Baumgeist zur Unterstützung angerufen und die Puppen auf die Erde gelegt werden. Er empfiehlt folgenden Zauberspruch drei Mal über den Puppen zu rezitieren:

Ein zerbrochenes Band,
Eine verlassene Freundschaft,
Repariere, erneuere dich,
Denn ich biete dieses Geschenk.

Sinnvoll wäre aber auch folgende Zauberformel:

Geist des Baumes, mit deiner Hilfe und der mir innewohnenden magischen Macht, füge ich in Harmonie und Liebe diese beiden Puppen zusammen, daß ihre Liebe von Tag zu Tag stärker und stärker werde.

Nach der Rezitation eines dieser Sprüche, nehme man Blut aus dem Zeigefinger der rechten Hand und träufle etwas davon über beide Puppen. Hall schreibt über dieses Ritual: „Dieses einfache Blutopfer ermöglicht es dem Hexer, den Zauber in die Leere zu entlassen und ihn mit seinem Willen und der während der Herstellung der Puppen magischen Verbindung zu lenken."

Sollte man sich scheuen Blut zur Unterstützung des Rituals zu nehmen, kann man natürlich auch eine andere Körperflüssigkeit verwenden z.B. Speichel, Sperma, Urin, Vaginalflüssigkeit usw. Nach Abschluß des Rituals sind beide Puppen im Boden zu vergraben und können dort solange belassen werden, wie die Verbindung der beiden Personen erwünscht ist. Sollte man aus irgendeinem Grunde die Beziehung beenden wollen, grabe man die Wachspuppen aus dem Boden aus und verbrenne sie unter

Zitation beispielsweise folgender Formel: „Was zusammenge-
fügt und gebunden war, wird nun wieder gelöst und getrennt.
Die Verbindung soll enden mit der Existenz der Puppen und das
Feuer der Reinigung zerstöre das magische Band der Liebe.

* * *

Bezauberung der Marquise Brinvilliers

Auch der bereits zitierte Dr. Laurent führt einen interessanten
Sympathiezauber an: „Im Mittelalter bediente man sich zu
den Bezauberungen nicht immer einer gewöhnlichen Puppe. Die
„Archives de la Bastille" haben uns, die folgende ganz spezielle
von der unheimlichen Brinvilliers angewendete Formel aufbewahrt. Wirf ein Reisigbündel nebst Weihrauch und Alaun in das
Feuer und sprich die Worte: „Reisigbündel ich brenne dich, als
das Herz, den Körper, das Blut, das Begriffsvermögen, die Be-
wegung, den Geist des X (hier den Namen des Mannes oder der
Frau einfügen). Auf das er nicht zur Ruhe komme bis in das
Mark seiner Knochen hinein, weder an einer Stelle bleiben,
sprechen, trinken noch essen könne, bis er getan hat, was ich
von ihm begehre."

Dr. Laurent vermutet, daß es wohl mit dem Reisigbündel und der
Beschwörung allein nicht getan sein dürfte. Er nimmt an, daß das
Reisigbündel zuvor wohl Gegenstand magischer Operationen
gewesen sein muß, um es mit der Persönlichkeit und vor allem
mit dem Empfindungsvermögen der betreffenden Person zu

laden. Er vermutet weiterhin, daß das Reisigbündel während einer Zeremonie auf den Namen des Opfers getauft wurde und wahrscheinlich auch kleine Haar- oder Kleiderteilchen zwischen den Zweigen des Reisigbündels untergebracht waren. Diese Vermutung ist völlig richtig, denn für die tatsächliche Wirkung und den Erfolg eines Sympathiezaubers ist es notwendig, daß eine magische Verbindung zwischen dem verwendeten Gegenstand und dem Opfer hergestellt wird.

* * *

Wurzelzauber

Eine Anweisung der Sympathiemagie, die aus einer Kombination von Mumial-, Puppen- und Wurzelzauber besteht, besagt, daß man dem Mädchen oder der Frau die man begehrt und zu besitzen wünscht, eines seiner eigenen Taschentücher leihen soll. Wenn man dieses nun, am besten benutzt, zurückbekommt soll man eine Ginsengwurzel hineinwickeln und das Taschentuch mitsamt der Wurzel verbrennen. Dabei ist die Formel „Laß (Name des Mädchens) sich so nach mir verzehren, wie diese Flamme lodert", hierbei konzentriere man sich besonders auf das Gesicht der Puppe, während Wurzel und Taschentuch verbrennen.

Diese Praxis, die sich wiederum die Körper- und Odkräfte des Opfers zu Nutze macht, erinnert sehr stark an die Praktiken des

Zigeunerzaubers, nur werden hier zusätzlich die unheimlichen Kräfte der Ginsengwurzel zur Anwendung gebracht.

* * *

Beschwörungsmagie

In einer anderen Anleitung wird empfohlen, ein neues Stück Pergament zu nehmen und drei konzentrische Kreise darauf zu zeichnen. In den Mittelpunkt der Kreise schreibe man mit einem in Asche getauchten Gänsekiel den Namen der Frau, die man begehrt. Dann steche man sich mit einer Nadel in den linken Daumen und zeichne mit dem Blut in den inneren Kreis sieben fünfzackige Sterne. In den umliegenden Kreis zeichne man sieben offene Augen und in den äußeren Kreis zeichne man sieben Viertelmonde, deren Öffnungen nach Westen zeigen.

Nun falte man das Pergament zweimal in der Mitte zusammen und begebe sich damit ins Freie. Danach nehme man eine schwarze Kerze und ein Hufeisen, stelle die Kerze an einem geschützten Platz auf die Erde und entzünde sie. Nun kniet man sich vor der Kerze nieder, verbrennt das Pergament, während man das Hufeisen dem Mond entgegenstreckt und spreche hierzu laut folgende Beschwörung: „Herr der Nacht, des Mondes und der Sterne. Allsehendes Auge, erhöre mich. Großer Luzifer, Beelzebub und alle gefallenen Engel, ich befehle euch herbeizueilen und mich zu erhören. Nehmt (Name des Mädchens) und bringt sie zu mir. Treibt sie zu mir, nehmt ihre Seele und bringt sie mir. Herr der Nacht, großer Luzifer, tue was ich dir aufgetragen habe."

Nun wiederhole man die Beschwörung und zeichne mit der Asche des verbrannten Pergaments ein Kreuz über das eigene Herz. Danach vergrabe man das Hufeisen und die Kerze an demselben Ort, an dem man vorher niedergekniet hat, begibt sich nach Hause und gehe zu Bett. Innerhalb von zwei Tagen, so die Anweisung, wird die Frau, die man verhext hat, zu einem kommen.

Diese doch sehr abergläubische und auch schwarz-magische Anrufung, kann ihre Herkunft aus Büchern wie dem *Sechsten und Siebenten Buch Mosis* oder dem *Schlüssel Solomon* nicht verleugnen. Ich habe diese Praktik zwar nicht selbst ausprobiert, zweifle jedoch ihre Wirksamkeit sehr stark an. Doch sind bekanntermaßen mit den ansonsten recht zweifelhaften Anleitungen des Sechsten und Siebenten Buch Mosis überraschende Resultate erzielt worden. Es kommt eben alles auf den eigenen Glauben und die eigene Vorstellungskraft an. Zu empfehlen ist, die oben beschriebene Beschwörung jedenfalls nicht, da sie viele Gesetze der Evokationsmagie außer Acht läßt und auch ansonsten recht unvollständig erscheint und eindeutig negativen Charakter besitzt. Das Experimentieren mit Dämonien und das Evozieren von negativen Wesenheiten und inbesondere, wie hier von Höllenfürsten, ist eine Praxis vor der ausdrücklich gewarnt werden muß.

Im besten Fall geschieht bei einer unvollständigen Anrufung überhaupt nichts, denn das Gebiet der Beschwörungsmagie, ist eines der komplexesten Gebiete der Magie überhaupt. Allerdings gibt es auch eine Reihe negativer Intelligenzen, insbesondere der luziferischen Hierarchie, die sehr leicht auf Rufzeichen reagieren und die dafür ihren Tribut verlangen. Ich möchte hier jedoch nicht weiter auf diese Thematik eingehen und überlasse es dem erfahrenen Sphärenmagier hier seine eigenen Schlüsse zu ziehen.

* * *

Krötenzauber

Die Magie des Krötenzaubers bildet an sich eine eigene Gattung der Liebeszauber. Nachfolgend sollen aus folkloristischen Gründen und der Vollständigkeit halber einige Anleitungen zur Erweckung von Liebe und Leidenschaft durch Krötenmagie und Krötenzauber angeführt werden. Man führe sich jedoch bei solchen Praktiken klar vor Augen, daß sie allerschwärzeste Magie darstellen und daß bei etwaigem Erfolg die Nachteile einer solchen Magie immer überwiegen. Daß man bei dieser Magie eindeutig gegen bestehende Tierschutzbestimmungen verstößt, dürfte zudem klar sein. Doch nun zur überlieferten Anleitung.

„Man nehme eine lebendige Kröte. Am Freitag, vor Aufgang der Sonne, zur Stunde der Venus hänge man sie an den Hinterbeinen im Rauchfang auf. Man trockne und pulverisiere sie, hülle sie in ein Blatt Papier und lege sie drei Tage unter einen Altar und hole sie am dritten Tage wieder hervor. Wenn auf diesem Altar die Messe gelesen worden ist, so genügt es, wenn du mit dem Krötenpulver eine Blume damit bestreust und dem Mädchen schenkst, um alle Frauen dir nachlaufen zu lassen."

Ein praktisch arbeitender Magier oder eine geschulte Hexe benötigen diese Praktik jedoch nicht. Ihnen sind die Nachteile, die mit jedem Tieropfer verbunden sind, die karmischen Auswirkungen und auch die Anbindung an negative Wesen der Astralebene bei solchen Ritualen nur zu gut bekannt.

* * *

Zauberpraktiken des Mittelalters

Eine Anleitung aus dem arabischen Grimoire *Geheime Kunstschule magischer Wunderkräfte*, empfiehlt für die Schaffung einer dauerhaften Verbindung sowie um unendliche Liebe zwischen Mann und Frau zu schaffen, nachstehende Vorgehensweise.

„An dem Tag deiner Hochzeit, alsbald die Sonne untergegangen, ehe du beiliegest, nimm zwei Turteltauben, ein Männlein und ein Weiblein und schreibe mit derselben vermischtem Blut auf rein Wachs oder sauber Papier diese Worte: „Dein Gott ist mein Gott, dein Volk ist mein Volk, wo du hingehest, daselbst will ich auch hingehen und wo du bleibest, daselbst will ich auch bleiben, und wo du stirbst, da will ich auch sterben und mit dir begraben werden. Adonay erzeige solches, der Tod scheide mich und dich".

Nun beräuchere das Wachs oder Papier und lege dies mitten unter die Hauptpfühle deines Ehebettes. Schreibe auch zugleich die Worte auf eine Glasschale mit Honig, schütte Wein darüber, davon trink du die Hälfte, die andere gib deinem Gespons; du wirst die Zeit deines Lebens eine friedsame Ehe führen". So weit die altertümlichen Anleitungen aus der Geheimen Kunstschule magischer Wunderkräfte.

Aus dem gleichen Buch stammt folgendes Rezept zur Betörung eines Mannes: „Vor der Sonnen Aufgang nehme die Frau ein neues Rauchfaß, darauf lege sieben neu angezündete Kohlen, stelle sie unter einen Apfelbaum, der Früchte hat, und streue Rauch-werk darauf, unterdessen gehe sie hin zu einem fließenden Wasser und wasche ihr Angesicht und ihre Hände sauber, darauf nehme sie ein Wachs, grabe diese Worte mit einem goldenen, silbernen oder kupfernen Stiel darauf und wirf es als-dann auf die Kohlen, und wenn es nun ganz ausgeräuchert, so breche sie den schönsten Apfel ab, der ungefähr am meisten von dem Rauch getroffen, den gebe sie dem Mann zu essen, die Worte sind: „Wie der Apfelbaum unter den wilden Bäumen ist, also ist mein Freund unter den Jünglingen." Sollten aber noch keine

Äpfel daran sein, so tue es unter der Apfelblüte und laß den Mann daran riechen."

Das gleiche Ritual kann mit einigen Änderungen auch von einem Mann zur Verführung einer Frau angewandt werden. Hier nun die genaue Beschreibung: „Gleiche Zeremonien gebrauche der Mann unter einem Rosenstock, und breche dann drei Rosen ab und gebe sie dem Weib zu riechen. Die Worte aber, so der Mann aufs Wachs schreiben soll, sind: Gleichwie die Rosen unter den Dörnern, so ist meine Freundin unter den Töchtern."

Wie man unschwer erkennt, entstammen diese Vorschriften den sogenannten Grimoires oder Zauberbüchern des Mittelalters und ihre Wirksamkeit dürfte, wenn überhaupt, auf der Vorstellungskraft und dem Glauben des Ausführenden basieren. Nicht umsonst behauptet hier der Volksmund, daß der Glaube Berge versetzt.

Das Zauberbuch **_Der kleine Albert_** empfiehlt: „Pflücke am Vorabend des Johannistages das Kraut Enula Campana, doch sei noch nüchtern; trockne es neun Tage auf deinem Herzen. Darauf lasse die Person davon essen, von der du geliebt sein willst. Die Wirkung wird nicht ausbleiben."

Aus dem gleichen Buch stammt auch das folgende Rezept. „Nachdem du an einem schönen Freitag Morgen, vor Aufgang der Sonne, den schönsten Apfel des Gartens gepflückt hast, schreibe mit deinem Blut auf ein kleines Stück Papier deine Namen, Vor- und Zunamen, desgleichen jene der geliebten Person. Binde das kleine Billet, mit drei Haaren von ihr und mit drei von dir auf ein anderes, auf das du nur das eine Wort Scheva geschrieben hast; immer mit deinem Blut. Teile den Apfel in zwei Teile; entferne die Kerne und ersetze sie durch die vorerwähnten Billette. Vereinige beide Hälften des Apfels wieder und lasse ihn am Herde trocknen. Umhülle ihn mit Lorbeer- und Myrthenblättern und suche ihn unter das Kopfende des Bettes derjenigen Person zu legen, die du liebst, und in kurzer Zeit wird sie dir Zeichen ihrer Liebe geben."

Sollte die entsprechende Person nun keine Äpfel mögen, kann man sich auch anderer Nahrungsmittel bedienen, über die man nach Jules Bois folgende unheilige Formel sprechen soll: „In welchem Teile der Erde ihr euch befindet und mit welchem Namen ihr euch benennen möget, ich beschwöre euch Dämonen, die ihr die Macht besitzt, das Herz der Männer und Frauen zu verwirren, bei demjenigen der euch erschaffen und der euch vernichten kann, kommt in dieser Nacht zu diesen Nahrungsmitteln und beeinflußt dieselben derartig, daß sie die Kraft besitzen, Mann oder Weib, je nach Wunsch zu meiner Liebe zu zwingen.

Ohne besondere Kenntnis der sogenannten Evokations- oder Beschwörungsmagie, zu der unter anderem auch die Anrufung im magischen Kreis gehört, wird die oben zitierte Formel wohl wenig Wirkung zeigen. Wer sich näher für dieses Thema interessiert, sei hier auf die maßgeblichen Autoren und Experten der Beschwörungsmagie verwiesen. Wissende Autoren sind u.a. Franz Bardon, Gregor A. Gregorius, Agrippa von Nettesheim, MacGregor Mathers, Frater Dabniel, Francis Barrett und einige andere.

* * *

Die Erschaffung eines Homunkulus

Das dritte und letzte Liebesrezept aus dem kleinen Albert schreibt folgendes vor: „Man nehme ein großes Ei von einer schwarzen Henne, durchbohre es und lasse von dem Weisen etwa in Größe einer Bohne austreten, fülle es wieder mit menschlichem Samen und schließe die Öffnung sehr sorgfältig mit einem befeuchteten Pergamentstückchen. Danach lege man es zum Ausbrüten und zwar am ersten Tage, wenn im März der Mond scheint und dies bei günstiger Konstellation von Merkur und Jupiter.

Wenn dann die Zeit zum Auskriechen kommt, wird ein kleines Monstrum hervorkommen, das man in einer geheimen Kammer mit Lavendelkörnern und Regenwürmen ernährt. Wenn es zufällig sterben sollte, tue man es in ein weithalsiges Wasserglas, das man mit gutem Weingeist auffüllt und sorgfältig verschließt. Es ist so ein außergewöhnliches Geschöpf entstanden, daß wenn man es hegt und pflegt und ein Leben lang sorgsam hütet, dafür sorgt, daß es einem an nichts mangelt und man geliebt wird.``

Diese Vorschriften gehen wohl auf die Sagen zur Herstellung eines Homunkulus, eines kleinen Menschlein aus Goethes Faust, zurück. Agrippa von Nettesheim, der große Magier des Mittelalters, nennt ein solches Wesen einen wahren Alraun. Die Mär eines aus menschlichem Samen gezeugten künstlichen Wesens wird auch von Paracelsus ausführlich in seiner Schrift *De generatione ratione rerum naturalium* beschrieben. Interessant ist in diesem Zusammenhang auch die Legendenbildung um die Alraune.

* * *

Alraunenzauber

Der Alraune, was übersetzt etwa die „Raunende`` oder „Wissende`` bedeutet, wurden im Mittelalter sagenhafte Eigenschaften zugeschrieben. So sollte sie, je nach Behandlung durch ihren Eigentümer sehr viel Glück und Liebe, bei schlechter Behandlung aber auch viel Leid bewirken können. Eine Alraune hatte immer die Form eines kleinen Menschen und konnte hauptsächlich unter einem Galgen gefunden werden, daher auch ihr Beiname „Galgenmännlein``. Zunächst mußte die Alraune, an einem Freitag, noch vor Sonnenaufgang, an dem Schwanz eines schwarzen Hundes befestigt, aus dem Erdboden gezogen werden. Die Alraune sollte dabei solch einen schrecklichen Schrei ausstoßen, daß jeder der ihn vernahm auf der Stelle tot umfiel. Hatte man jedoch die Alraune sicher geborgen, so war sie in Milch und Honig oder auch in Wein zu baden und danach mit kostbarer Seide wie ein kleiner Mensch einzukleiden. Über dem Bett angebracht, im Herrgottswinkel des Hauses aufgestellt oder in einem edlen Kästchen sorgsam aufbewahrt, sollte die Alraune ihrem Eigentümer zu Ansehen, Glück, Liebe und immer genügend Geld verhelfen.

Der bekannte Autor magischer Romane Hanns Heinz Ewers schreibt in seinem Buch **Alraune**: „Im frühen Mittelalter, im Anschluß an die Kreuzzüge, entwickelte sich dann die deutsche Alraunsage. Der Verbrecher, splitternackt am Kreuzwege gehenkt, verliert in dem Augenblicke in dem das Genick bricht, seinen letzten Samen. Dieser Samen fällt zur Erde und befruchtet sie; aus ihm entsteht das Alräunchen, ein Männlein oder Weiblein. Nachts zog man aus, es zu graben; wenn es zwölf Uhr schlug, mußte man die Schaufel unter dem Galgen einsetzen. Aber man tat wohl, sich die Ohren fest zu verstopfen, mit Wolle und gutem Wachs, denn wenn man das Männlein ausriß, schrie es so entsetzlich, daß man niederfiel vor Schreck - noch Shakespeare erzählt das. Dann trug man das Wurzelwesen nach Hause, verwahrte es wohl, brachte ihm von jeder Mahlzeit ein wenig zu essen und wusch es in Wein am Sabbattage. Es brachte Glück in Prozessen und im Kriege, war ein Amulett gegen Hexerei und zog viel Geld ins Haus. Machte auch liebenswert den, der es hatte, war gut zum Wahrsagen und brachte den Frauen Liebeszauber, dazu Fruchtbarkeit und leichte Niederkünfte. Aber bei alledem schuf es doch Leid und Qualen, wo immer es war. Die übrigen Hausbewohner wurden verfolgt von Unglück, und es trieb seinen Besitzer zu Geiz, Unzucht und allen Verbrechen. Ließ ihn schließlich Zugrundegehen und zur Hölle fahren. Trotzdem waren die Alräunchen sehr beliebt, kamen auch in den Handel und erzielten recht hohe Preise. Man sagt, daß Wallenstein zeit seines Lebens ein Alräunchen mit sich herumschleppte, und dasselbe erzählt man von Heinrich dem Achten, Englands heiratstüchtigem Könige." Soweit die fesselnden Ausführungen von Hanns Heinz Ewers.

Die moderne Medizin berichtet, daß die Alraune, die zu den Nachtschattengewächsen zählt, einen Anteil von 0,5 Prozent Atropin, Hyoscyamin und Scopolamin besitzt und damit betäubende und berauschende Wirkung entfaltet, die auch als Aphrodisiakum verwendet werden kann. Wie man sieht, ist im alten Volksglauben meist mehr als nur ein Körnchen Wahrheit enthalten. Heutzutage sind echte Alraunen sehr selten und meist handelt es sich um Fälschungen oder die einfache chinesische Ginsengpflanze. Übersetzt heißt das Wort Ginseng bezeichnenderweise „lebendiger Mensch" und zeigt, daß auch in China vorhandene magische Wissen um diese Zauberpflanze.

Nestelknüpfen

Eine alte magische Praxis der Bindung und Verfestigung eines Zaubers, ist das sogenannte Nestelknüpfen, das man natürlich auch bei Liebesangelegenheiten anwenden kann. Hierzu nimmt man einige Gegenstände, die einige Zeit im Besitz der Person waren, die man verzaubern möchte. Ein Taschentuch, ein Kleidungsstück oder eine Fotografie eignen sich hier ausgezeichnet. Auf die Rückseite der Fotografie schreibe man den Vor- und Zunamen der Person. Als Zeitpunkt wähle man den zunehmenden Mond. Mit segnender Geste und in stärkster Konzentration fährt man nun mehrfach über den Gegenstand oder die Fotografie. Die Konzentration ist darauf gerichtet, daß die Person einem mit jedem Tag mehr verfällt und ihre Liebe und Zuneigung täglich stärker und unüberwindlicher wird.

Verfestigt wird dieser Zauber dadurch, daß man sieben Knoten in einen starken Bindfaden macht und den Gegenstand damit umwickelt, während man sich weiter auf das Gewünschte konzentriert. Diese Handlung ist nun an sieben Tagen, täglich zur gleichen Stunde zu wiederholen, während man fest davon überzeugt ist, daß mit jeder Wiederholung die magische Bindung stärker und stärker wird.

Möchte man einen so verdichteten und gebundenen Liebeszauber auflösen, verfährt man in der umgekehrten Reihenfolge und konzentriert sich bei der Lösung eines jeden Knotens darauf, daß die Liebe mit jedem gelösten Knoten abnimmt, bis beim letzen Knoten nur noch Gleichgültigkeit zwischen den beiden Personen vorherrscht.

* * *

Magische Quadrate

Ein weitere Möglichkeit, Einfluß auf andere zu nehmen, bietet die Praxis der magischen Quadrate. Diese entstammen meist den verschiedenen magischen Planetenquadraten und enthalten in einer wunderbar harmonischen Art und Weise die magischen Grundzahlen der großen Planeten. Diese im Mittelalter sehr gebräuchlichen Quadrate enthalten aber viel mehr als nur schöne Zahlenspielereien. Wenn man sich verdeutlicht, daß alles in unserer Welt mathematischen Grundsätzen unterworfen ist, vom kleinsten Atom auf seinen festen Bahnen bis zum Sonnensystem und den Galaxien im Kosmos, kann man erahnen, welche Macht, derjenige besitzt, der diese Regeln kennt und sie anzuwenden vermag. Nach alter magischer Lehre dienen magische Quadrate und die damit in Zusammenhang stehenden magischen Siegel der Planeten zur Herstellung von Talismanen und Amuletten sowie zur Anrufung, der dahinterstehenden Intelligenzen und Genien. Ein magisch aufgeladener Talisman unterstützt die Einwirkung positiver kosmischer Kräfte und ein Amulett hilft bei der Überwindung disharmonischer Einflüsse. Zum Zweck der

Liebesmagie kommt natürlich vornehmlich das magische Quadrat der Venus in Betracht.

Magische Quadrate werden als kosmische Raumgitterstrukturen bezeichnet, die in Analogie zu den Kräften stehen, die sie versinnbildlichen. Heute kennt man den lebensnotwendigen Einfluß der Sonne auf unser Leben, ja ohne unsere Sonne würde das Leben auf unserer Erde in wenigen Tagen völlig vernichtet werden. Auch der Einfluß des Mondes auf Ebbe und Flut sowie die Empfängnis bei Mensch und Tier sind wissenschaftliche Tatsachen und die Aufzählung ließe sich endlos erweitern.

Nun sind auch der Einfluß der anderen Planeten; Mars, Venus, Saturn usw., aber auch der unendlich weit entfernten Fixsterne wissenschaftlich nachweisbar, allerdings wird ihr Einfluß meist nur auf das körperliche Dasein anerkannt und ihr Einfluß auf das seelische und geistige bei weitem unterschätzt. Einzig die esoterische Astrologie, hier ist nicht die triviale Astrologie mit ihren Horoskopen in wöchentlich erscheinenden Magazinen gemeint, hat sich das Wissen um die kosmischen Urkräfte bewahrt. So kannten bereits die Eingeweihten der vergangenen Jahrtausende, die magischen Kräfte der Planeten und der damit in Verbindung stehenden magischen Quadrate.

Im folgenden sollen einige unschätzbare Anleitungen des Magiers Gregorius über das geheimnisvolle Gebiet der magischen

Quadrate wiedergegeben werden, um dem Leser ein tieferes Ein-dringen in diese eigenartige Gebiet der praktischen Magie zu ermöglichen. Gregorius schreibt: „Das Wissen um diese Geheimnisse ist uralt, aber im Laufe der Zeit immer wieder in Vergessenheit geraten und teilweise sogar gänzlich verloren gegangen. Der überlieferte magische Wahlspruch: Wer die Dinge zu beseelen vermag, die Kräfte zu lösen und zu binden, ist ein Magus", tritt bei diesen Experimenten in die Wirklichkeit tatsächlich wahrnehmbarer Erscheinungsformen. ...Symbole oder Sigille aus magischen Quadraten werden hergestellt, indem man die einzelnen Felder des Quadrates in der Zahlenfolge mit Linien verbindet. Vollkommen durchgeführt, bildet sich so das *Sigill* des Quadrates bzw. in der Astromagie das *Sigill* des Planeten." Dies heißt, daß man im vorliegenden Fall des magischen Venus-Quadrates die Felder von eins bis sieben, dann von acht bis vierzehn usf. mit Linien verbindet und damit das magisch stark wirkendes *Sigill* der Venus erhält.

Für einen Venustalisman, der Liebe, Zuneigung und Harmonie herbeiführen soll, zeichnet man beispielsweise auf die Vorderseite das Siegel und auf die Rückseite das magische Quadrat der Venus.

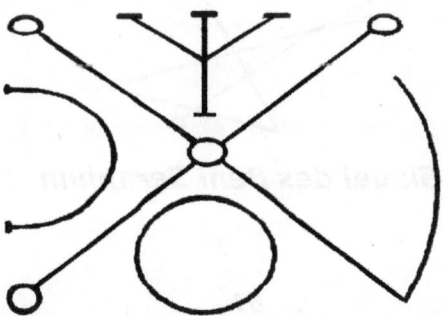

22	47	16	41	10	35	4
5	23	48	17	42	11	29
30	6	24	49	18	36	12
13	31	7	25	43	19	37
38	14	32	1	26	44	20
21	39	8	33	2	27	45
46	15	40	9	34	3	28

Das Magische Quadrat der Venus

Sehr gute Resultate erzielt man auch mit folgenden magischen Siegeln, die der Venus zugeordnet sind:

Siegel des Kedemel   **Siegel des Hagiel**

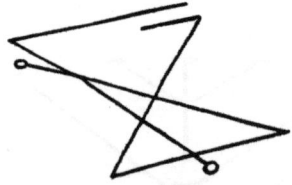

Siegel des Beni Seraphim

Näheres zu Herstellung, Weihe und magischer Ladung von Talismanen wird in den späteren Kapiteln über Liebestalismane und der Weihung magischer Gegenstände ausführlich beschrieben.

Eine Reihe magischer Quadrate zum Erlangen von Freundschaft und Liebe sind beim Magier Abraham von Worms, auch Abramelin genannt, zu finden. Wir bedienen uns hier der Ausgabe von Georg Dehn, **Buch Abramelin** (Verlag Neue Erde, Saarbrücken 1995), das erstmals vollständig alle magischen Quadrate enthält. Hier sind neben magischen Quadraten für Liebe und Heirat, auch Quadrate gegen Krankheiten und Feindschaften, gegen Unfälle und Katastrophen, für Erfolge bei Gerichten und Ämtern sowie vieles mehr enthalten.

Magisches Quadrat um begehrt zu werden

T	A	A	F	A	H
A	U	R	E	T	A
A	R	O	N	I	Z
S	E	N	A	C	A
T	H	A	M	E	B

Magisches Quadrat für die Liebe einer bestimmten Frau

S	A	R	A	H
A	K	E	R	A
R	E	M	E	R
A	R	E	K	A
H	A	R	A	S

Magisches Quadrat um von einer Frau geliebt zu werden

I	E	D	I	D	A	K
E	R	I	D	O	N	A
D	I	L	O	G	A	H
I	D	O	L	A	I	B
D	O	G	A	R	E	A
A	N	A	C	E	R	A
H	A	T	I	B	A	T

Magisches Quadrat für die Liebe eines bestimmten Jünglings

E	L	E	M
L	A	R	E
E	R	A	L
M	E	L	E

Quadrat für die Liebe eines (berühmten) Mannes

B	E	T	U	L	A	H
E	R	I	D	O	N	A
T	I	M	A	S	O	L
U	D	A	M	A	D	U
L	O	S	A	N	I	T
A	N	O	D	I	R	E
H	A	L	U	T	E	B

Magisches Quadrat zum Ehebruch allgemein

E	S	E	H	A
F	R	O	I	L
C	A	M	A	G
T	I	A	M	A
A	G	L	A	S

Weitere magische Quadrate findet man im **Buch Abramelin**. Die Anwendung eines magischen Quadrates ist denkbar einfach, man zeichnet das gewünschte Quadrat nach oder kopiert es einfach aus dem Buch und behaucht es anschließend unter stärkster Konzentration dreimal. Danach trägt man am Körper.

Anrufung des Abendsterns

Einen schönen Bittzauber, bei dem die Kräfte und Genien der Venus angerufen werden, beschreibt Titania Hardie in ihrem Buch: *Liebeszauber – Titanias Buch der Liebesmagie*. Während der Vollmondphase werden aus violettem und weißem Seidenband zwei Dreiecke gebildet, daß sie zusammen einen sechseckigen Stern bilden. In die Mitte des Sterns legt man eine Locke des eigenen Haares, welches man zur Zeit des Sonnenuntergangs abgeschnitten hat und das mit ein wenig Rosenöl beträufelt wurde. Nun kniet man sich kurz nach Sonnenuntergang in Richtung des Abendsterns (der Venus) nieder, während man in jeder Hand eine Kerze hält und voller Gefühl die folgenden Worte spricht: „Venus, Freundin der irdischen Liebenden, mit deinen Gaben stimmst du die Herzen froh. Finde einen Menschen, der in Liebe an meine Seite tritt, finde einen Gefährten in uneingeschränkter Liebe und möge dein Licht diese Liebe reinigen. So sei es!"

Nun stellt man je eine von sechs Kerzen an die Spitzen des Sterns und zündet zunächst die Kerze an, die in westlicher Richtung steht. Man konzentriert sich voller Ehrfurcht vor der Güte und Wärme des Abendsterns auf seinen Wunsch. Danach setzt man sich unter das Sternenlicht und wiederholt die obigen Worte am besten noch siebenmal. Hierbei stellt man sich vor, wie das eigene Leben von einer neuen, sanften und allmählich größer werdenden Liebe überstrahlt wird.

Man gelobt innerlich, alle Menschen zu lieben und zu ehren, wenn diese Liebe in das eigene Leben tritt. Die Kerzen läßt man noch etwa eine Stunde lang brennen, dann nimmt man die Haarlocke und umwickelt sie mit den Seidenbändern. Die Bänder läßt man unter dem Sternenlicht liegen und wartet für die Dauer einer Mondphase. Soweit das wirklich schöne Ritual der Hexe Titania.

* * *

Gewitterzauber

Den nachfolgenden Zauber müssen Sie während einer Gewitternacht zelebrieren. Sie benötigen hierzu ein Foto von der Person die Sie lieben, einen Spiegel und ein paar Kerzen. Legen Sie das Foto des geliebten Menschen so hin, daß es sich im Spiegel reflektiert, während Sie die Kerzen so um den Spiegel gruppieren, daß er indirekt angeleuchtet wird. Während draußen das Gewitter tobt, konzentrieren Sie sich intensiv darauf, daß die gewünschte Person ihre Gefühle Ihnen gegenüber offenbart und sich um sie bemüht. Sprechen Sie mit dem sich im Spiegel abbildenden Foto der Person, als ob sie sich tatsächlich zusammen mit Ihnen im Raum befindet. Wenn die Person Ihnen gegenüber nur etwas Zuneigung empfindet, wird sie sich bei Ihnen melden und Ihre Beziehung vertiefen.

Bindungszauber

Ein weiterer Bindungszauber, der die Magie des Knotenzaubers benutzt, wird dadurch herbeigeführt, indem man eine grüne Kerze, die der Venus zugeordnet ist, von oben bis unten mit einem roten Seidenband umwickelt. Während der Ausführung konzentrieren Sie sich darauf, daß die Kräfte des Liebesplaneten Venus Ihnen dabei helfen, Sie und Ihren Liebsten zusammenzuführen. Zünden Sie danach vorsichtig die Kerze an (achten Sie besonders darauf, daß sich das Seidenband nicht entzündet) und sprechen Sie dabei die folgenden Worte:

„Wesen der Venus, Stifter von Harmonie, Frieden und Liebe, bitte führe (Name der Person) voller Liebe und Zuneigung in mein Leben, ich möchte ihm nichts böses. Stark sei unsere Liebe, beruhigend und heilend."

Wiederholen Sie diese Anrufung mehrere Male. Nun stellen Sie sich vor, wie die Kräfte der Zuneigung und Liebe in das Seidenband übertragen werden und gleichsam in es hineinfließen. Als letztes müssen Sie das Seidenband dem geliebten Menschen nur noch in einem unbemerkten Augenblick zukommen lassen. Sie können es ihm z.B. in die Tasche seines Anzugs oder seiner Jacke stecken, es in seinem Auto platzieren und dergleichen mehr. Je näher und enger das Band jedoch mit der Person in Berührung kommt um so stärker wird es seine Wirkung entfalten.

Liebestalismane

Kommen wir nun zu einem sehr wichtigen Bereich der Liebeszauber, dem der Talismane. Ein Talisman ist ein Gegenstand,
der auf seinen Träger einen gewünschten Einfluß ausübt. Der
Talisman enthält meist geeignete Symbole und Inschriften und
kann zusätzlich magisch geladen oder geweiht werden. Dies geschieht durch Meditation und Imagination oder durch Praktiken
der rituellen Magie. Ein Talisman verstärkt beim Träger bestimmte
positive Eigenschaften oder dient zur Anziehung erwünschter
Fähigkeiten. Im Gegensatz hierzu steht ein Amulett, das zur Ab-
wehr negativer Einflüße und zum Schutz gegen Unglück, Leid,
Krankheit oder Hexerei getragen wird.

Israel Regardie schreibt sehr treffend: „Nach der Definition des
Golden Dawn (ein magischer Geheimorden; Anmerkung des Autors)
ist ein Talisman eine magische Figur, die mit der Kraft geladen
ist, die er repräsentiert. Bei der Konstruktion eines Talismans
sollte man darauf achten, daß er so weit wie möglich diejenigen
universalen Kräfte repräsentiert, welche in exakter Harmonie mit
jenen sind, die man anzuziehen wünscht, je exakter die Über-
einstimmung ist, um so leichter kann man diese Kraft anziehen".

Und an einer anderen Stelle: „Einige Talismane zeigen Sigille und
Pentakel, die mit komplexen Symbolen und Namen beschriftet
sind... im übrigen bedeutet das Wort Sigill *Signatur*. So ist das Sigill
eines Erzengels wirklich die symbolische Signatur dieses Wesens."

Nach magischer Lehre stehen alle Dinge im Universum ursächlich miteinander in Zusammenhang, da sie derselben universellen Quelle oder Gott entsprungen sind. Da zum Zeitpunkt der Geburt eines Menschen, eine ganz bestimmte kosmische Konstellation vorherrscht, ja der Mensch selbst Teil dieser planetaren Kräfte ist, ist es verständlich, daß der Mensch auch den Einflüssen der Planeten und Gestirne sein gesamtes Leben unterliegt. In diesem Zusammenhang interessiert uns jedoch weniger die Theorie, warum und wieso Magie überhaupt funktioniert, sondern vielmehr die praktische Anwendung magischer Techniken zur Anziehung und dem Herbeiführen von Liebe und Sympathie. Ob der Leser nun an höhere Kräfte glaubt, die ihn bei seinen Werken unterstützen und die er sich durch magische Operationen geneigt machen kann oder das ganze nur auf einer autosuggestiven Beeinflussung seines eigenen Unterbewußtseins beruht, ist für dieses Buch völlig unerheblich, wichtig sind nur die Wirksamkeit der hier vorgestellten magischen Praktiken. Wer sich näher für die Gesetze der Magie interessiert, wird in der entsprechenden Literatur genügend geeignetes Material finden.

Häufig findet man auf magischen Talismanen auch bestimmte Worte oder Verse, die zumeist auf dem äußeren Kreisrand des Talismans angebracht sind. Hierbei handelt es sich um biblische Gottesnamen sowie Namen von Engeln und Dämonen. Im folgenden wird ein magischer Kreis zur Anrufung von Genien des Planeten Venus dargestellt, der sich ebenfalls als Gravierung für einen Liebestalisman gut eignet.

Kreis für Venus-Evokationen

Die Herstellung eines Talismans, der Liebe bewirkt, geschieht nach Franz Bardon nun wie folgt: „Jeder Talisman, jeder Stein, jedes Pentakel, mit Ausnahme von Papier- und Pergamentamu-letten, muß, bevor die magische Ladung vorgenommen wird, von dem ihm anhaftenden Fluid befreit, d.h. entfluidisiert werden. Am besten und wirksamsten geschieht dies durch die Magie des Wassers. Nehmen sie ein Glas mit frischem kaltem Wasser, in das sie den Talisman eintauchen. Konzentrieren sie dabei, daß das Wasser alle schlechten Einflüsse entziehen soll. Bei dieser Konzentration verharren sie eine geraume Zeit. Nach einigen Minuten schärfster Konzentration müssen sie die Gewißheit haben, daß alle schlechten Einflüsse vom Wasser aufgesogen wurden und ihr Talisman von ihnen befreit ist. Hierauf trocknen sie den

Talisman ab und können nun versichert sein, daß derselbe für ihren Einfluß aufnahmefähig ist."

„Sodann nehmen sie den Talisman zur Hand und fixieren mit äußerster Willenskraft, mit festem Glauben und Vertrauen imaginativ ihren Wunsch respektive die Wirkung in den Talisman hinein. Terminieren sie die Wirksamkeit ihres Wunsches, ob sie nur auf eine gewisse Zeit oder dauernd bestehen soll, ferner ob die Wirkung nur für eine bestimmte Person in Frage kommt oder für jedermann, der den Talisman tragen sollte. In der Gegenwartsform laden respektive imaginieren sie, daß der gewünschte Effekt schon wirkt. Sie können die Spannkraft des einkonzentrierten Wunsches durch oftmaliges Wiederholen der Ladung verstärken, wodurch die Ausstrahlungskraft des Talismans intensiver und durchdringender wird. Versetzen sie beim Konzentrieren das Gefühl, daß die Wirksamkeit des Talismans auch dann bestehen bleibe und sich automatisch verstärke, wenn sie an ihren Talisman nicht denken und, falls er für jemand anders bestimmt ist, für diesen das gleiche gelte. Haben sie nach bestem Wissen und Gewissen mit der allergrößten Kraft, deren sie fähig waren, den Talisman geladen, ist er gebrauchsfertig". Soweit die Anweisungen des großen weißen Magiers Franz Bardon in seinem sehr zu empfehlenden Buch: **Der Weg zum wahren Adepten** (erschienen im Verlag Hermann Bauer, Freiburg im Breisgau).

Weitere sehr gute Anleitungen zur magischen Herstellung von Talismanen gibt Frater Amenophis in seinem Aufsatz *Magische Quadrate und Planetensiegel* (erschienen in den Blättern für angewandte okkulte Lebenskunst, Publikationsorgan der Loge Fraternitas Saturni, Heft 112, Juni 1959). Er schreibt: „Wer einen Talisman oder ein Amulett anfertigen will, hat folgende Richtlinien zu beachten:

1. Vorbereitung

Konzentration auf den in Frage kommenden Planeten, Meditation über seine Eigenschaften und vertrauliche Hingabe an seine Kräfte. Mit dieser Einstellung gehe man an die Arbeit. Das ist besonders wichtig !

2. Material

Für zeichnerische Darstellung ein Stück echtes Pergament oder Lammfell; für Gravierung eine Platte aus demjenigen Metall, welches dem entsprechenden Planeten entspricht (Saturn = Blei; Jupiter = Zinn; Mars = Eisen; Sonne = Gold; Venus = Kupfer; Merkur = Neusilber (Argatan); Mond = Silber; Anmerkung des Autors). Zeichnung mit Pinsel oder Feder in der Farbe des Planeten mit Farbstoff oder Tusche. Gravierung mittels Gravierstichel. (Saturn = Schwarz; Jupiter = Dunkelblau; Mars = Rot; Sonne = Gelb; Venus = Grün; Merkur = Grau; Mond = Silber oder Weiß. Weitere Zuordnungen und Analogien findet man in dem ausgezeichneten Buch *Magneten des Glücks* von Karl Spiesberger (erschienen im Verlag Richard Schikowski, Berlin).

3. Motive der Darstellung

Das magische Quadrat des Planeten, sein Siegel, sowie Name und Symbol des Planeten, unterzubringen auf der Vorder- und Rückseite.

4. Geeignete Zeit

Wenn der betreffende Planet gut aspektiert ist und keine ungünstige Stellung in Bezug auf das Geburtshoroskop einnimmt.

5. Geeigneter Tag

Derjenige Wochentag, an welchem der in Frage kommende Planet Tagesregent ist. (Mond = Montag; Mars = Dienstag; Merkur = Mittwoch; Jupiter = Donnerstag; Venus = Freitag; Saturn = Samstag; Sonne = Sonntag; Anmerkung des Autors).

6. Geeignete Stunde

Die in Betracht kommende Planetenstunde (im Mittelwinter etwa 40 Minuten; im Hochsommer etwa 80 Minuten lang). Die Arbeit soll innerhalb dieser Zeit fertig werden. Wenn das nicht möglich ist, Fortsetzung erst bei Wiederkehr der entsprechenden Planetenstunde.

Soweit die hochmagischen Anweisungen des Frater Amenophis.

Ein chaldäischer Liebestalisman nach dem Magier Dr. Musallam (Franz Sättler), der ebenfalls Liebe erregen soll, ist im folgenden dargestellt.

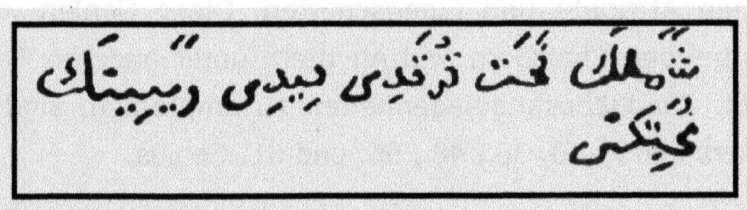

Der chaldäische Spruch auf dem obigen Talisman lautet übersetzt etwa: „Deine Linke liege auf meinem Haupte, Geliebter und deine Rechte streichele mich".

Diese Formel kann nun auf einen Pergamentstreifen übertragen werden, oder einfacher aus dem Buch fotokopiert werden. Der Liebestalisman ist nun noch magisch einzuoden (einfaches behauchen unter starker Konzentration genügt hier bereits). Wer will, kann hier natürlich so kultisch wie möglich verfahren, den Talisman zur Stunde der Venus weihen, ihn in grüner Farbe abzeichnen oder ihn am besten auf ein Kupferblättchen eingravieren. Je sorgfältiger man hier vorgeht, um so raschere Erfolge werden sich einstellen.

Einen Liebestalisman kann man auch mit den Siegeln höherer Wesenheiten, besonders mit den Genien des Planeten Venus versehen, oder man verwendet die in der Magie als sehr wirksam angesehenen Siegel der 72 Genien des Schemhamphoras. Diese 72 Genien stellen nach kabbalistischer Lehre den unaussprechlichen Namen Gottes dar und symbolisieren seine 72 göttlichen Attribute und Eigenschaften. Diese Genien waren bereits bei den Chaldäern und Ägyptern unter anderen Namen bekannt. Für Liebesangelegenheiten zu empfehlen, sind hier besonders der 9., 13, 36., 48., 56. und 61. Genius.

Der 9. Genius mit dem Namen Aziel wird angerufen um Freundschaften neu zu schließen oder um bestehende weiter zu festigen. Sein Siegel ist:

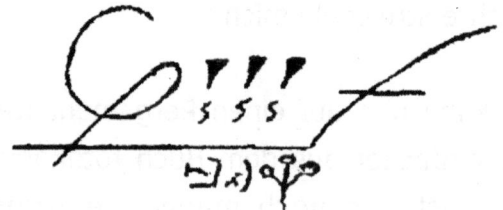

Der 13. Genius mit dem Namen Jezalel wird angerufen, um Freundschaften zu schaffen, bestehende zu festigen, um Versöhnungen herbeizuführen sowie zur Förderung und Festigung ehelicher Treue. Sein Siegel ist:

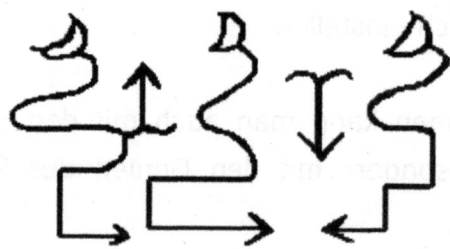

Der 48. Genius mit dem Namen Mihael wird angerufen um Unstimmigkeiten zwischen Ehegatten zu beheben. Dieser Genius verleiht leidenschaftliche Sexualität. Vergnügungen aller Art stehen unter seiner Herrschaft. Sein Siegel ist:

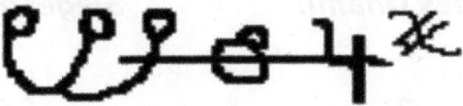

Der 56. Genius mit dem Namen Poiel verschafft Glück, Reichtum, Ehre und Liebe. Sein Siegel:

Sehr wirksam sind in diesem Zusammenhang die Siegel der verschiedenen Genien der Venus-Spähre und hier insbesondere die Wesenheiten Onami und Odumi. Diese Genien sind hervorragende Lehrer in allen Fragen der Erotik und Sexualität und beherrschen die Magie der Liebe und Anziehung vollkommen.

Ein praktisch arbeitender Magier, der über die Kunst der magischen Evokation (der magischen Beschwörung) gebietet, kann von ihnen alles darüber erfahren, wie man Talismane und Liebesamulette anfertigt, magisch lädt und wie man sich die Schwingungen der Venus-Sphäre nutzbar machen kann. Bei Verwendung der Siegel von Onami und Odumi ist darauf zu achten, daß man sie in grüner Farbe zeichnet.

Siegel des Onami:

Siegel des Odumi:

Auch die im esoterisch-okkulten Handel erhältlichen Liebestalismane erfüllen ihre Wirkung recht gut, nur sind sie vor Gebrauch einige Minuten unter fließendes Wasser zu halten. Dies reinigt den Talisman von fremden Einflüssen. Danach ode man den Talisman ein, behauche ihn unter stärkster Konzentration und setzte ihn einige Nächte dem Vollmondlicht aus. Man kann den Talisman auch in einem kleinen Ritual entsprechend weihen und laden.

* * *

Die Magie der Edelsteine

Bereits in meinem Buch **Praxis der weißen und schwarzen Magie**, habe ich die Wirkung der Edelsteine beschrieben. Hier in Kürze nochmals das Wichtigste: „Edelsteine sind wie Symbole, Runen und Glyphen kosmisch gebundene Kräfte. Edel- und Halbedelsteine sind geballte Zentralisationen ätherischer Schwingungskomplexe, die in ihrer Entsprechung mit den Eigenstrahlungen der Planeten und Fixsterne in direktem Kontakt stehen. Uralt ist der Glaube an die geheimnisvollen Kräfte der Edelsteine, denen schon seit Jahrtausenden glück- oder unglückbringende Eigenschaften zugeschrieben werden. Jeder Edelstein, steht nach okkulter Lehre, gleichsam wie ein jedes Metall, mit den Kraftfeldern der Planeten und Fixsterne in direkter Verbindung. Gedanken sind nach magischer Lehre Kräfte, und die bewußte Odaufladung von Gegenständen unter stärkster Konzentration und Imagination kann in dieser okkulten Disziplin unglaubliches vollbringen.

Edelsteine für Liebe und Zuneigung

Für Liebeszauber und sympathiemagische Anwendungen eignen sich am besten: Kupferchalcedon, Chalcedon, rosa Chrysopal,

Chrysopras, Mondstein, Morganit, Pinkopal, Rhodochrosit, Rosen-
quarz, Rubin, Smaragd und der Wassermelonen-Turmalin.

Edelsteine für eine gesunde Erotik
Für eine gesunde Erotik werden: Feueropal, Opal, Rhodochrosit,
Rubin und Thulit empfohlen.

Edelsteine für Freundschaften
Für Freundschaften am wirksamsten sind: Lapislazuli, Malachit,
Peridot, Rhodonit, Saphir, Sardonyx, Smaragd, Wassermelonen-
Turmalin. (Quelle: Michael Gienger**, Die Steinheilkunde**, Verlag
Neue Erde, Saarbrücken).

Je ehrfürchtiger man mit einem Edelstein umgeht, um so besser
gelingt die Verbindung mit den dahinter stehenden kosmischen
Kraftballungen. Ja sogar der Kontakt zu der jedem Edelstein zu-
geschriebenen Gruppenseele soll möglich sein. Stets achte man
besonders darauf, nur echte Edelsteine zu verwenden. Künstliche, oder aus Staub zusammengefügte Steine sind magisch
unwirksam, da ihnen die belebende Einzelseele, in Verbindung
mit der Gruppenseele der Edelsteingattung fehlt. Auch soll der
für magische Zwecke verwandte Stein eine bestimmte Größe
aufweisen und hier gilt, je größer der Stein, um so größer die
damit zu erzielende Wirkung.

Auch verwahre man einen unter starker Konzentration geladenen und dem Vollmondlicht ausgesetzten Edelstein sorgfältig. Wenn man ihn nicht am Körper trägt, verwahre man ihn in echter Seide und vermeide tunlichst ihn jemand anderem zu zeigen oder gar in die Hand zu geben, um ihn nicht eines Großteils seiner magischen Wirkung zu berauben.

$$* * *$$

Die Weihung magischer Gegenstände

Magische Gegenstände sind wie Heiligtümer zu behandeln und je ehrfurchtsvoller und sorgfältiger man mit ihnen verfährt, um so wirkungsvoller werden sie sich erweisen. Zur Weihung und Ladung magischer Quadrate, Talismane, Edelsteine und anderer Objekte, atme man einige Minuten tief ein und aus, danach kann man zur Unterstützung etwas Weihrauch oder Sandelholz räuchern und sollte eine Kerze anzünden. Vorteilhaft ist es auch, sich kurz auf jeden Körperteil zu konzentrieren, oder besser, das eigene Bewußtsein kurz in jeden Körperteil hineinzuversetzen. Hierdurch gelangt man in einen entrückten und feierlichen Zustand.

Nun beginnt die eigentliche Arbeit. Man stelle sich vor, wie mit jedem Atemzug Lebenskraft aus der Stirn und dem Solarplexus in Form eines leuchtend-weißen Strahles auf den Gegenstand überströmt. Währenddessen konzentriere man sich intensiv auf die vorher festgelegte Gedankenformel. Nach und nach wird man bemerken, wie sich der Gegenstand mit dieser magischen Formel und der eigenen Lebenskraft auflädt. Besonders sensitiv veranlagte Personen werden vielleicht sogar feststellen, wie das Objekt anfängt schwach zu leuchten.

* * *

Liebespulver und Philter

Kommen wir jetzt zu dem interessanten Gebiet der Liebespulver oder genauer ausgedrückt, der sogenannten Liebesphilter. Diese Pulver erfreuten sich bereits im Altertum einer besonderen Beliebtheit, denn sind sie erst einmal hergestellt, können sie einfach einem Getränk oder einer Speise zugefügt werden. Frater Daniel, ein Experte auf diesem Gebiet schreibt hierzu: „Für die Herstellung der Philter gilt im allgemeinen folgende Regel: Die Substanzen müssen in ihrer Zusammensetzung genau der angegebenen Rezeptur entsprechen! Die Drogen, Substanzen sind stets an der Luft an einem trocknen und dunklen Ort zu trocknen. Nach dem Trocknen sind sie zu Pulver zu zerstoßen, dabei ist entweder eigene Mumia (Körpersekrete) darunter zu mischen, wenn sie für den Magier selbst sein sollen, oder ein bis zwei Tropfen Blut von demjenigen, für den der Philter hergestellt wird, in der angegebenen Konzentration genügt es, wenn eine, höchstens zwei Messerspitzen des Mittels in das Getränk oder in das Nahrungsmittel des Betroffenen getan wird."

Zur Herstellung eines solchen Liebesphilters wird in einem alten Zauberbuch empfohlen: „Man verbrenne drei Haare aus den Schamteilen und drei andere von der linken Achselhöhle auf einer Feuerschaufel. Tue das Pulver in irgendeine Speise. Die Person wird dich niemals verlassen.“

Als noch unübertrefflicher soll folgendes Rezept zur Herstellung eines Liebespulvers sein. „Das Gehirn einer Katze und einer Eidechse; das Menstruationsblut einer Hure; den menschlichen Samen; die Gebärmutter einer brünstigen Hündin, die sich dem Hunde versagt hat; die Eingeweide einer Hyäne; den linken Schädelknochen einer Kröte. Aber Vorsicht, der rechte Knochen der Kröte bewirkt den entgegengesetzten Fall.“ Dieses an Unappetitlichkeit kaum noch zu überbietende Liebesmittel sei nur der Vollständigkeit halber angegeben. Hoffentlich findet sich niemand, der dieses Mittel praktisch erproben will. Denn ansonst wäre man wohl gezwungen, bei dem Verzehr von Speisen und Getränken in Zukunft äußerste Vorsicht walten zu lassen. Zum Glück für das arme Opfer sind die oben beschriebenen Zutaten nur schwerlich zu besorgen. Alles in allem also wenig angenehme Rezepturen und man fragt sich, was ein solcherart Behexter wohl zu diesen Praktiken sagen würde, sollte er jemals davon erfahren.

Auch Frater Daniel führt in seinem unveröffentlichten Manuskript: *Geheime Philter, Zaubertränke, Räuchermittel, Hexensalben und Lebenselixiere* die Rezeptur für ein Liebesphilter an. Er schreibt: Man nehme das Herz einer Taube, die Leber eines Sperlings, die Eierstöcke von ein oder zwei Schwalben sowie eine Hasenniere. Er bemerkt jedoch hierzu: „Diese Dinge sind an sich nicht so absurd, daß man sie nicht besorgen könnte. Da aber die Magie mit Analogien arbeitet, so können wir die Entsprechungen ruhig aus dem Reiche der Pflanzen und der Mineralien nehmen. Es muß zwingend angenommen werden, daß bei Benutzung der tierischen Ingredienzen genau dieselben Erfolge erzielt werden, ja vielleicht sogar intensiver. Der Einfachheit halber wollen wir aber unsere Drogen aus dem Reiche der Kristalle und der Pflanzen nehmen".

Folgt man nun der Übersetzung Frater Daniels, wären anstatt dem Herz einer Taube, Blüten der Kupfernelke zu verwenden, anstatt einer Sperlingsleber, Blätter der Valeriana off., anstatt der Eierstöcke von Schwalben, Wurzel der Sellerie und zum Schluß statt einer Hasenniere, Fructus Yohimbehe zu nehmen. Von diesen Ingredienzen sollen nun jeweils fünf Gramm gemischt, zerstoßen und zur Stunde der Venus geweiht werden.

Daniel führt dann im weiteren noch die entsprechende biochemische Formel an. Die biochemische Formel lautet:

1/10 Gramm zerstoßenen Beryll

1/100 Gramm Mercurium oxydatum (Zinnober)

1/100 Gramm Flügeldecken der Cantharide

1/10 Gramm zerstoßenem Opal

„Soll das Mittel für eine Frau sein" schreibt Frater Daniel: „so gebe der Mann seinen Samen von mindestens drei Ergüssen in eine Glasschale und gebe ungefähr die gleiche Menge Zucker dazu, bis der Zucker den Samen aufgesaugt hat. Wenn die Masse trocken ist, pulverisiere man die Zuckerkörner und mische die obigen Substanzen darunter. Eine Frau nehme ihre Menses, die Zubereitung ist dieselbe."

Auch hier finden wir wieder einmal den Gebrauch von Sperma und Menstrualblut zur Verstärkung der Wirkung und dem Herbeiführen einer persönlichen Bindung des Opfers an den Hexer. Der bereits zitierte Dr. Laurent schreibt hierzu: „Auch das Brevier der Verliebten teilt dem Blute unter den Liebestränken den ersten Rang zu. Es lehrt den Gebrauch unter verschiedenen Formen: als sympathetische Tinte, Getränk usw., doch erinnert es daran, daß für die Wirksamkeit des Zaubers unerläßlich sei, daß ein glühender Glaube, ein reiner Wunsch all diese Operationen begleite. Noch heutigen Tages reichen abergläubische Frauen ihren Geliebten ohne deren Wissen etwas von diesem aus der Zeit ihrer Periode stammenden aphrodisischen Liebestrank, der eine so widerliche und zugleich geheimnisvolle Quelle hat."

Weiter warnt Daniel eindringlich davor, die Dosis des Liebespulvers zu überschreiten, da die Flügeldecken der Canthariden, wie wir bereits warnend erwähnt haben, giftig sind! Auch fällt diese Anleitung unter die Bestimmungen und Verbote zur Anwendung von Giftstoffen.

Für ein anderes Liebespulver werden zur Zeit der Paarung, die Geschlechtsorgane von einer Haustaube, einer Wildtaube, einem Sperling und einer Schwalbe genommen. Die Geschlechtsteile werden in siebzigprozentigen Alkohol gelegt und im Wasserbad auf etwa die Hälfte der Substanz eingekocht. Danach wird mit Alkohol aufgefüllt und der Alkohol verdunsten lassen. Der Rest wird dann in einem Mörser zu Pulver zerstoßen und in der Stunde der Venus geweiht.

Möchte man auch hier lieber mit pflanzlichen Bestandteilen arbeiten, nehme man anstelle der Geschlechtsteile die Blüten der Kupfernelke, Baldrian, geschossene Selleriestangen sowie Rinde der Yohimbestaude. Die Blüten müssen während der Venusstunde gesammelt und bis auf die Yohimbestaube frisch verarbeitet werden. Die Blüten werden im siebzigprozentigen Alkohol bis auf etwa ein Drittel ihrer Masse eingekocht. Hiernach wird wieder Alkohol nachgefüllt und das ganze an der frischen Luft auf ein Drittel ihres Volumens verdunsten lassen. Danach fügt man, um die Wirksamkeit zu erhöhen, eigenen Samen oder Menses hinzu und filtert das ganze gut durch. Den verbleibenden Alkohol segnet man dann ein und die ausgefilterten Pflan-zen können weggeworfen werden.

* * *

Liebessigille

Am Ende sei nun noch eine hochmagische Praktik angeführt, die allerdings umfangreiche Vorkenntnisse in der praktischen Magie erfordert. Sie stammt ebenfalls von Frater Daniel. Ihm zufolge muß an zwei aufeinanderfolgenden Tagen und zwar ein Tag vor Vollmond und dann genau bei Vollmond ein spezielles talis-manisches Liebessigill in die Mondscheibe hineingedacht bzw. projiziert werden. Wichtig ist hierbei, daß der Mond auf keinen Fall in Quadratur zu Saturn steht darf. Nach seiner Anweisung muß das Sigill fest im Gedächtnis eingeprägt werden, so daß man es mühelos auswendig zeichnen kann. Das Liebessigill ist dann unter starker Konzentration und Vorstellungskraft in die Mondscheibe hineinzudenken, wobei der Name oder das Gesicht der begehrten Person unter das Sigill projiziert werden soll.

Die Wirkung des Sigills ist innerhalb einer Mondphase wirksam und kann angewandt werden, um sich jede begehrte Frau oder einen jeden Mann zu verschaffen. Daniel warnt jedoch ausdrücklich vor der leichtfertigen Anwendung dieser Praktik, da solch eine solche magische Bindung, ohne die Kenntnis einer entsprechende magische Lösung unzertrennlich sei, auch wenn die solcherart zusammengeführten Personen sich nicht verstehen oder miteinander harmonieren sollten.

Nur mit Hilfe dieses Sigills und der gleichen Projektionsmethode soll es möglich sein, die magische Zusammenführung wieder aufzulösen.

Ritual zur Aufrechterhaltung der Liebe

Um die Liebe in einer Beziehung aufrecht zu erhalten und zu stärken, empfiehlt sich folgendes kleine Ritual am Hochzeitstag oder am Kennlerntag auszuführen. Stellen Sie in jedem Zimmer Ihrer Wohnung vorzugsweise eine rote Kerze auf. Wenn Sie nur über einen oder zwei Räume verfügen, platzieren Sie die Kerzen in den Ecken der Zimmer. Um jede Kerze können Sie ein paar frische Blumen arrangieren. Gehen Sie nun mit Ihrem Partner Hand in Hand zu jeder Kerze und zünden Sie diese an. Dabei stellen Sie sich kurz gemeinsam ein schönes Erlebnis, daß Sie miteinander verbracht haben vor. Stellen Sie sich weiterhin vor, wie die Flamme der Kerze alles Belastende und Negative Ihrer Beziehung verbrennt und auflöst. Nehmen Sie sich bei jeder Kerze zärtlich in den Arm und erneuern Sie dadurch Ihre Liebe.

Sammeln Sie zum Abschluß des Rituals alle Blumen in einer Vase und stellen Sie diese vor eine besonders schöne und große rosa oder lilafarbene Kerze. Verweilen Sie einen Augenblick vor der Vase und stellen Sie sich vor, daß Sie dieser Zauber immer fester miteinander verbindet und Ihre Liebe alle Widrigkeiten und Hindernisse überwindet und überdauert. Dieses Harmonieritual ist vom Alter der beteiligten Personen unabhänigig und kann von sehr jungen und sehr alten Menschen angewandt werden, um die Liebe zueinander auch bis ins hohe Alter zu erhalten.

Die Herstellung eines Empfängnistranks

Bran Hodapp und Iris Rinkenbach, die Autoren des Buches **Weiße Naturmagie** (erschienen im Peter Erd Verlag in München) beschreiben eine Tinktur zur Förderung der Empfängnis. Hierzu benötigen Sie 200 ml 95% reinen Alkohol, den Sie in der Apotheke erhalten. Legen Sie Mistelblätter in die Alkohollösung und lassen Sie diese für einen Zeitraum von 28 Tagen (eine Mondphase) von Sonne und Mond bescheinen. Geben Sie 15 Tropfen der Misteltinktur in einen mit richtigem Quellwasser gefüllten Silberkelch und trinken Sie diesen Empfängnistrank über einen Zeitraum von 28 Tagen. Hodapp und Rinkenbach haben für die Herstellung und Einnahme dieser Rezeptur noch ein schönes Ritual in ihrem Buch angeführt, daß die Wirkung zusätzlich erhöht und das der Interessierte im obigen Buch nachlesen kann. Doch soll dieser kurze Ausflug in das Gebiet der Empfängniszauber damit abgeschlossen werden, da es sich hier um ein Buch zur Erlangung von Liebe und Zuneigung handelt. Im nächsten Kapitel werden noch einige Ratschläge und Techniken angeführt, um eine belastende und bedrückende Beziehung, die auf magische Weise herbeigeführt wurde, auch wieder lösen und beenden zu können, ohne daß den daran beteiligten Personen unnötig Schaden entsteht.

Das Lösen der Liebeszauber

Zum Abschluß unserer Führung durch die Magie der Liebeszauber ist es nun notwendig, auch einige Anleitungen zu zeigen, die es ermöglichen, eine magisch herbeigeführte Liebe auch wieder aufzulösen. Man bedenke auch, daß es im Leben nichts umsonst gibt und beherzige den Rat, den Jules Bois dem Hexer gibt: „Mag sich derjenige in acht nehmen, der um jeden Preis Liebe einflößen oder auf jeden Fall vernichten will. Der so leidenschaftlich gewünschte Ausbruch könnte leicht bei ihm selbst erfolgen. Indem er dem Bilde derjenigen, die er besitzen will, zu sehr zu Leibe geht, setzt er sich der Gefahr aus, statt des Besitzers, der Besessene zu werden. Dies Feuer, das er gegen sie anfachte und an dem er sich nun selbst entzündet, wird bis in die tiefsten Tiefen seines Herzens hinabdringen."

Doch zurück zur Auflösung der Liebeszauber. Eine alte überlieferte Vorschrift beispielsweise besagt, daß, wenn man frühmorgens ohne Wissen des Bezauberten Kot der geliebten Person in den rechten Schuh des Opfers legt, und diese nun hineintritt, sie vom Liebeszauber sogleich geheilt sei. Auf diese Art und Weise dürfte in einigen Fällen, auch ohne vorherigen Liebeszauber, das Verhältnis beendet sein.

Eine Technik, die die Hexe Sandra zur Lösung einer belastenden Beziehung empfiehlt, ist den Lösungswunsch auf ein echtes

Stück Pergament zu schreiben. Folgende Formeln sollen hier als Beispiel angeführt werden:

1. „Ich will daß, (Name der Person) keine Zeit mehr hat sich mit mir zu beschäftigen und das er nach und nach aus meinem Leben tritt."

2. „Ich will daß, (Name der Person) nie wieder meine Wohnung betritt, mich anruft oder sonstwie mit mir in Kontakt tritt".

3. „Die Liebe von (Name der Person) läßt von Tag zu Tag und von Stunde zu Stunde nach. (Name der Person) tritt auf harmonische und friedliche Art und Weise mehr und mehr aus meinem Leben."

Das Pergament oder Papier wird nun an einer Wachspuppe angebracht oder noch besser in sie eingeknetet. Danach werden einige Nadeln unter starker Konzentration auf den Lösungswunsch in alle Körperteile der Puppe gestoßen und diese über dem Hauseingang aufgehängt.

Eine weitere Möglichkeit ist es, den Namen der Person auf eine Fotografie zu schreiben und ihn zusammen mit einer Haarlocke oder einem anderen persönlichen Gegenstand in einem kleinen Ritual zu verbrennen. Hierbei konzentriert man sich auf den Wunsch, daß die Beziehung zu der Person auf friedliche Weise gelöst wird. Danach verstreut man die Asche in alle vier Himmelsrichtungen mit dem Wunsch, daß sich auch die Verbindung durch die Hilfe des Feuer- und Luftelements in Nichts auflöst.

Man kann hier den Einfluß der vier Elemente noch steigern, indem man zunächst die Fotografie zerreißt, die Haare zerschneidet, danach die übrig gebliebenen Teile verbrennt und sie je zur Hälfte in fließendes Wasser wirft und den Rest in alle Richtungen zerstreut.

Eine andere Methode ist, das ursprünglich zur Herbeiführung von Liebe angewandte Ritual genau umzukehren und jede Handlung mit dem starken Wunsch zu versehen, daß nichts ewig währt und auch die Liebe enden muß. Man kann auch eine Fotografie, Haarlocke oder Nägel des Opfers in Wachs einkneten und langsam über einer Kerzenflamme schmelzen, während man sich auf seinen Trennungswunsch konzentriert.

Wichtig ist, daß man in jedem Fall auf eine friedvolle und harmonische Lösung hinarbeitet, denn die durch Magie freigesetzten Kräfte, könnten ansonsten sehr leicht dazu führen, daß die Trennung mit Auseinandersetzungen und Ärger verbunden ist. Weiter ist es empfehlenswert, wenn man während des Trennungsrituals darauf achtet, daß man sich selbst innerlich von dem ehemals geliebten Menschen vollständig loslöst und dies auch in der Konzentration berücksichtigt, um sich unnötiges Liebesleid zu ersparen.

Nachwort

Eine ganze Fülle von Rezepten, Tinkturen, Beschwörungen und Zauber wurden in den vorangegangenen Kapiteln dargestellt. Viele brauchbare und nützliche aber auch kuriose und zum Teil bizarre Techniken wurden dem Leser präsentiert. Welche Anleitungen nun für die Praxis am geeignetsten sind, bleibt einzig und allein dem Leser selbst überlassen. Alle Anleitungen praktisch zu erproben hat wohl niemand Zeit oder Gelegenheit. Am besten verfährt man intuitiv und wendet die Zaubertechniken an, zu denen man sich am meisten hingezogen fühlt, oder von denen uns das eigene Gefühl sagt, daß sie die richtigen sind. Sollte man sich nun wirklich nicht für eine bestimmte Hexenpraktik entscheiden können, so nimmt man einfach daß Buch entspannt in die Hände, konzentriert sich kurz auf sein Vorhaben und schlägt dann einfach irgendeine Seite auf. Die eigene Intuition trifft hier meist automatisch die richtige Entscheidung. Empfehlenswert ist es auch, nicht starr die Vorschriften anderer kritiklos zu übernehmen. Wichtig ist das Kombinieren und Ausprobieren eigener Techniken und stets sollte die persönliche Magie im Vordergrund stehen.

Vor allem beherzige man bei aller Sympathiemagie den gesunden Menschenverstand und bedenke, daß das Schicksal des einzelnen trotz aller Lehren der esoterischen Astrologie, Karmaforschung, Rückführung in frühere Inkarnationen und vielem anderem letztendlich unergründlich ist. Auch läßt sich das Schicksal nicht erzwingen, man kann es nur etwas geneigter machen und hemmende oder hindernde Einflüsse zu beseitigen versuchen. So ist es auch auf dem Gebiet der Sympathiemagie und besonders der Liebeszauber. Eine Veränderung muß vor allem von innen heraus erfolgen und wer mit schlechtem Atem, unrasiert, und womöglich noch mit Körpergeruch und in schlampigen Kleidern Liebe hervorzurufen sucht, muß schon ein gewaltiger Magier oder ein unverbesserlicher Optimist sein, um an Liebe auf den ersten Blick und seine persönliche Ausstrahlung zu glauben.

„Nun denn", sagte die alte wissende Kräuterhexe und hexte lustig und munter drauflos - und auch der Autor hofft, daß seine Leser das gleiche tun und die ihnen sympathischen Rezepte praktisch erproben.

Sollten Sie mit dem einen oder anderen Zauber besonders gute Erfolge erzielt haben, oder gar noch einen Liebeszauber kennen, der hier nicht aufgeführt wurde, würde sich der Verlag freuen, Ihre Erfahrungen kennen zu lernen, um sie vielleicht in einer Neuauflage berücksichtigen zu könenn.

Literaturnachweis

Abraham, H. & Thinnes, I.: **Hexenkraut und Zaubertrank**
Verlag Urs Freund GmbH, 2. Auflage, Greifenberg 1996.

Amenophis, Fra.: **Magische Quadrate und Planetensiegel**
Blätter für angewandte okkulte Lebenskunst, Publikationsorgan
der Loge Fraternitas Saturni, Berlin Juni 1959.

Anonym: **Geheime Kunstschule magischer Wunderkräfte**
Ulrich Huter Verlag, Benediktbeuern o.J.

Bardon, Franz: **Der Weg zum wahren Adepten**
Verlag Hermann Bauer, Freiburg im Breisgau 1956.

Bardon, Franz: **Die Praxis der magischen Evokation**
Verlag Hermann Bauer, Freiburg im Breisgau 1956.

Barrett, Francis: **Der Magus**
Verlag Richard Schikowski, Berlin 1995.

Biedermann, Hans: **Handlexikon der magischen Künste**
Wilhelm Heyne Verlag, München 1991.

Brandler-Pracht, Karl: **Lehrbuch zur Entwicklung der
okkulten Kräfte**, Verlag Paul Hartmann, Bürstadt 1998.

Conata: **Küchenmagie,** Bohmeier Verlag, Soltendieck, 1994.

Daniel, Frater: **Danielis Magia Lunae**
unveröffentlichtes Manuskript der Loge Fraternitas Saturni.

Daniel, Frater: **Geheime Philter, Zaubertränke,
Räuchermittel, Hexensalben und Lebenselixiere**
unveröffentlichtes Manuskript der Loge Fraternitas Saturni.

Daniel, Frater: **Die Magie des Schemhamphoras**
unveröffentlichtes Manuskript der Loge Fraternitas Saturni.

Dehn, Georg: **Buch Abramelin** - *Das ist Die egyptischen großen Offenbarungen oder des Abraham von Worms Buch der wahren Praktik in der uralten göttlichen Magie*, Verlag Neue Erde, Saarbrücken 1995.

Ewers, Hanns Heinz: **Alraune** - *Die Geschichte eines lebenden Wesens* Sieben Stäbe Verlags- und Druckerei GmbH, Berlin-Zehlendorf 1928.

Gienger, Michael: **Die Steinheilkunde** Verlag Neue Erde, Saarbrücken 1995.

Gregorius, Gregor A.: **Sympathiemagie** Verlag Richard Schikowski, Berlin 1985.

Gregorius, Gregor A.: **Magische Briefe** Verlag Richard Schikowski, Berlin 1980.

Gregorius, Gregor A.: **Mentalistische Sigill-Konstruktionen in magischen Quadraten,** Blätter für angewandte okkulte Lebenskunst, Publikationsorgan der Loge Fraternitas Saturni, Berlin Juli 1956.

Hall, Judy: **Selbstschutz durch Geisteskraft** Aquamarin Verlag, Grafing 1998.

Hall, Nicholas: **Chaos & Hexenzauber** Bohmeier Verlag, Soltendieck 1989.

Hardie, Titania: **Liebeszauber - Titanias Buch der Liebesmagie** Franckh-Kosmos Verlags-GmbH & Co., Stuttgart 1998.

Hartmann, P.: **Macht und Geheimnis der Träume** Esoterischer Verlag Paul Hartmann, Bürstadt 1991.

Hodapp, Bran O. & Rinkenbach, Iris: **Weiße Naturmagie** Verlag Peter Erd, München 1998.

Jones, June: **König der Hexen** - *Die Welt des Alex Sanders*
The World of Books Ltd. Worms 1984.

Kithara: **Das geheime Wissen einer modernen Hexe**
W. Ludwig Buchverlag, München 1996.

Klingsor, Dr.: **Experimental-Magie**
Verlag Richard Schikowski, Berlin 1976.

Laurent, Dr. Emil: **Geheimnisse der Liebesmagie**
Njörd Verlag, Hattersheim am Main 1987.

Laurent, Dr. Emil: **Okkultismus und Liebe**
Ansata Verlag, Schwarzenburg, Schweiz 1979.

Mala, Matthias: **Weiße Magie -** *365 Schützende und stärkende Praktiken*, Verlag Peter Erd, München 1996.

Malanowski, Anja & Köhle, Anne-Bärbel: **Hexenkraft -**
Macht und Magie der weisen Frauen heute,
Droemersche Verlagsanstalt Th. Knaur Nachf., München 1996.

Morrison, Sarah L.: **Zauberbuch für neue Hexen**
F.A.Herbig Verlagsbuchhandlung GmbH, München 1991.

Morson, Det: **Praxis der weißen und schwarzen Magie**
Esoterischer Verlag Paul Hartmann, Bürstadt 1991.

Nettesheim, Agrippa von: **Die Magischen Werke**
Verlag Richard Schikowski, Berlin 1995.

Regardie, Israel: **Herstellung und Gebrauch der Talismane**
nach einer Übersetzung von Br. Harpokrates. Unveröffentlichtes
Manuskript der Fraternitas Saturni 1984.

Sandra: **Hexenrituale** - *Meine magischen Rezepte für Liebe, Glück und Gesundheit*, Goldmann Verlag, München 1992.

Schiffner, Th.: **Blutzauber und anderes**
Verlag Max Altmann, Leipzig, 1930.

Schrödter, Willy: **Grenzwissenschaftliche Versuche für jedermann**
Hermann Bauer Verlag, Freiburg 1975.

Spiesberger, Karl: **Magneten des Glücks** - *Magie der Amulette, Talismane und Edelsteine*, Schikowski Verlag, Berlin 1971.

Spiesberger, Karl: **Magische Einweihung**
Verlag Richard Schikowski, Berlin 1976.

Spiesberger, Karl: **Magische Praxis**
Verlag Richard Schikowski, Berlin 1976.

Ulbrich, Sabrina: **Geheimnisvolle Düfte 2** – Räuchern mit ähterischen Ölen, Kersken-Canbaz Verlag, Bergen/Dumme 1993.

V.D., Frater: **Handbuch der Sexualmagie**
Akasha Verlagsgesellschaft mbH, Haar 1986.

Widar, Frater: **Magie und Praxis des Hexentums**
Esoterischer Verlag Paul Hartmann, Bürstadt 1995.

Widar, Frater: **So lernen Sie hexen**
Esoterischer Verlag Paul Hartmann, Bürstadt 1995.

Yilmaz, Martina: **Zauberkräuter - Hexengrün**
Kersken-Canbaz Verlag, Bergen/Dumme 1995.

Praxis der weißen und schwarzen Magie

Det Morson

Dieses Buch ist eine Fundgrube des esoterischen Wissens und der magischen Praxis. Der Autor zeigt hier einen Weg, wie man seine magischen Kräfte systematisch entwickelt und gezielt einsetzt.

Aus dem Inhalt:
Vom Sinn des Seins, Karma und Reinkarnation, Die feinstofflichen Körper des Menschen, Das Mysterium des Sterbens, Die Astralebene, Der Hüter der Schwelle, Blutmagie, Das Geheimnis der Zahlen, Der esoterische Gottesbegriff, Kabbala, Der magische Atem, Schulung der Vorstellungskraft, Die Kraft der Mantren, Die Magie des Wassers, Odpraktiken, Die Geheimlehre von den Chakra, uva.

407 Seiten, kartoniert, ISBN: 978-3-9802704-0-3   24,90 €

Magische Einweihung

Gregor A. Gregorius

Das Gesamtgebiet der Magie umfasst viele tausend Bücher aus verschiedenen Jahrhunderten. Wie soll man sich nun diesem unüberschaubaren Gebiet nähern, ohne den Überblick zu verlieren? Der Autor, einer der letzten Wissenden, hat ein zeitloses Werk über die Magie und die magische Einweihung geschaffen. Magie kann von jedem verstanden und erfahren werden, der dieses hohe Ziel ernsthaft und aufrichtig erstrebt.

96 Seiten, kartoniert,
ISBN: 978-3-932928-37-6   13,00 €

Macht und Geheimnis der Träume

Der Traum in psychologischer und esoterischer Bedeutung sowie Anleitungen zum bewussten Träumen

Paul Hartmann

Der Traum gehört zu den eigenartigsten und interessantesten Erlebnissen der Menschheit. Der Mensch begibt sich Nacht für Nacht in Abenteuer, die sich kein Schriftsteller phantastischer ausdenken könnte und kehrt am Morgen in eine nüchterne Welt zurück, in der Träume und Phantasien wenig gefragt sind. Wir träumen jede Nacht, ob wir uns nach dem Erwachen nun daran erinnern können oder nicht, und diese nächtlichen Traumexkursionen in andere Ebenen sind lebensnotwendig, genauso wie alle anderen menschlichen Grundbedürfnisse.

124 Seiten, kartoniert, ISBN: 978-3-9802704-1-0   14,90 €

Das Buch der Hexen

Sheerie the Fay

Hexenmagie einfach und effektiv.

Sheerie the Fay ist eine freifliegende Hexe, die in der Magie ihren eigenen Weg geht, ohne sich von alten Vorschriften behindern zu lassen. Mit viel Liebe zeigt sie, wie man erfolgreich Magie betreibt und mit Hexenmacht das eigene Leben um so vieles einfacher und erfolgreicher gestalten kann.

100 Seiten, kartoniert,
ISBN: 978-3-932928-20-8   12,90 €

Magie to go

5 Minuten-Rituale. Magisch - effizient - wirksam

Irene Scherz / Herausgeber: Hexenschule Wien

Ein Anleitungs-Buch und Nachschlage-Werk für schnelle Energiearbeit im Alltag.
In „Magie to go" finden Sie kurzweilige Anleitungen für einfache und sehr effektive Rituale, begleitet von bunten, lustigen Geschichten, die sich zusätzlich auch sehr gut zur Selbstreflexion eignen.

172 Seiten, kartoniert
ISBN: 978-3-932928-58-1   15,90 €